お賽銭には1万円を用意しなさい!

起業コンサルタント
菅 美和
Miwa Kan

Clover
クローバー出版

あの人はなぜかいつもうまくいっている。
いつも楽しそうに、自分のやりたいこと、夢を次々とかなえている。
余裕を持って自分らしく仕事をしながら、
しっかりお金を手に入れている。

私は必死にがんばっているつもり。
なのに、なぜかお金が貯まらない。
時には我慢もしながら、一生懸命やっている。

なのに、なかなか願いがかなわない。

うまくいっている人とそうでない人の差。

お金に愛される人とそうでない人の差って、

いったい何だろう？

……それは**自分の中に眠る「金脈」を見つけたか**

どうかの違いだけ。

プロローグ

誰でも自分の中に「金脈」がある

「必死にがんばっているのに、なぜかお金が貯まらない……」

「いつもお金に困ってばかり……」

――本書はそんな悩みを抱える方が少しでも楽になれば、という一心で書き上げた一冊です。

私は「金脈の母」として、みなさんが自分の金脈を見つけ、お金に愛される体質に変わるお手伝いをしています。これまでに延べ8000人以上の方のお金の体質改善をしてきました。

ご相談にいらっしゃるみなさんを見ていると、どの方もものすごく努力してがんばっていらっしゃいます。なのに、収入に結びつかなくて、お金に困っていることが多いです。

それはなぜかといえば、がんばりの「方向」が違うからです。「お金の流れに逆らっている」とも「お金の流れをせき止めている」ともいえるかもしれません。

人にはそれぞれ個性があるように、「お金の流れ」にも一人ひとりタイミングや流れがあります。そのお金の流れに逆らったり、流れを詰まらせたりすると、どんなにがんばっても思うようにお金が入ってきません。

川の流れに逆らって歩くと、すごい圧力がかかってなかなか進めないのに、川の流れに乗ると、がんばって歩かなくてもスーッと進んでいきますよね。お金の流れもそれと同じです。

自分のお金の流れを知る助けとなり、時には流れの詰まりを取り除く役目を果たすのが、自分の「金脈」です。

流れをせき止めている原因を取り除くと、一気にお金が動き始めます。すると、がんばりすぎなくてもうまくいくようになります。そして、自分の人生も好転し、大きく発展していくのです。


私自身、お金に苦しんだ時期が長くありました。

今考えると、お金の流れに逆らうことばかりしていたんですね。

当時、世帯年収は300万円。私は専業主婦で数カ月後に出産を控えていました。

そんなとき義父が亡くなったのですが、なんと事業に失敗して1億円以上もの借金があることがわかったのです。

いきなり、大借金生活のスタートです。

その後、うつ病を発症し、足を骨折。

さらにはガンも見つかりました。

「なんで私ばかりこんなに不幸が訪れるのだろう」

と人生に絶望し、生きているのがイヤになりました。


ですが、そのとき、病院の先生にこういわれたのです。

「いいタイミングでガンが見つかりましたね。早すぎても遅すぎてもよくありませんでした。本当にラッキーなことですよ」
ガンが見つかったのに「ラッキー」なんて……と、初めは意味がわかりませんでした。

ですが、次第に**「今、このタイミングでガンを発見してもらったから、私は生きていられるのだ。これがラッキーということなのかも」**と思えるようになったのです。そして、**「せっかく神様が与えてくださった命なのだから、前向きに生きよう！借金を返そう！」**と覚悟を決めました。

そうしたら、1億円だって死ぬ気になって働けば必ず返せるはず！というやる気と気力がわいてきたのです。
これが、1億円を稼ぐ日々の始まりです。

一度腹を決めたら、「1億円も借金を背負ってしまった」とくよくよしている暇はありません。「1億円を稼ぐためにはどうすればいいだろう？」と返済するための方法を前向きに考えられるようになりました。

また、お金が自分のもとに入ってこないのは、**自分の中にある「思考」がお金の**

流れを詰まらせている一因であることにも気づきました。そこで、お金の流れをよくするのにいいといわれる方法を片っ端から試してみることにしたのです。

その中で、「効果があった！」と実感できた方法をまとめたのがこの本です。

こうして、お金の流れをよくするための習慣を実践していくうちに、自分の思考のクセがわかるようになりました。それを改善していったら、自分がやりたいこと、自然とできていることが見えてきました。

つまり、自分の中にある「金脈」が見つかったのです。それを活かして仕事をしていったら、だんだん収入も増えていきました。お金の流れがどんどんよくなっていったのです。

そして、「1億円の借金を返すぞ！」と覚悟を決めてから5年。借金生活15年目にして、ついに1億円を完済することができました。

その後、この経験を私と同じようにお金に悩んでいる方たちにも伝えたい、そして困っている方たちの助けになりたい、ひとりでも多くの方に自分の金脈を知ってほしい、と考えるようになりました。

1億円稼いだ私だからできること。
それは自分が望むだけのお金を手に入れる方法を伝えることです。

こうして、私は「金脈の母」として、日々、無意識で取り入れてしまっている設定に気づくセッションや自分の金脈を探す「金脈鑑定」などを行なっています。おかげさまで、これまでに延べ１０００人以上の方が受講され、今は数カ月先まで予約待ちをいただくまでになりました。

セッションを受けた方からは、

- **起業して、月１００万円稼げるようになった**
- **マンションを一括で買える金額が手に入った**
- **子どもの学費がポン！　と転がり込んできた**
- **夫の年収が2倍にアップした**
- **月収20万円から億万長者になった**

など、驚くようなうれしい変化をご報告いただいています。

お金の流れがよくなるだけでなく、人間関係（特にパートナーとの関係）が改善する、自分のやりたいことが見つかるなど、人生をより楽しく豊かに暮らせるようになった方もたくさんいます。

ところで、自分の「金脈」って何でしょう？

金脈とは、**あなたの本質、軸となる部分**です。**もともとあなたに備わっているもので、その人が持っている本当の才能**ともいえます。つまり、**「あなたがあなたであるために欠かせないもの」**。それがあなたの金脈です。

これを自分で知っているとものすごい強みになりますし、がむしゃらにがんばらなくても、自然とお金も人生もいい流れに乗っていくのです。

■自分の金脈が見つからない理由

「私には金脈なんてないです……」とおっしゃる方もとても多いです。

それはなぜでしょう？

自分の金脈がわからないのには、ふたつの理由があります。

ひとつは、**金脈が自分にとって「あたりまえすぎるもの」だから。**あまりにも自然にできてしまうことだから、自分では気づかないのです。

「これって、誰でもできるのでは？」「みんなもやっているはずだし」「こんな普通のこと、とても特別な才能だとはいえない」と流してしまうのです。

実際、セッションで「それがあなたの金脈ですよ！」とお伝えすると、たいていの方はびっくりして、「え？　これが……ですか？」「こんなの、誰もがやっていることではありませんか？」といいます。金脈はそのくらい普通に、当然のこととしてやっているものなのです。だから、なかなか気づきにくいのです。

もうひとつは、**金脈は埋もれがちだから。**

本当は目の前にあるのに、ほかのものにさえぎられて見えていないだけなのです。

では、ここでいう「金脈をさえぎるもの」とは何でしょう?

それは、**社会や家のルール、常識、価値観、しがらみ、思い込み、見栄、体裁**などです。「**心の着ぶくれ**」ともいえるかもしれません。これについては第1章で詳しくお話ししていきますが、こういったものにまみれて、せっかくの金脈が埋もれてしまっていることがとても多いのです。

■金脈を見つけるためにやっておきたいふたつのこと

もし自分の金脈を見つけたいのなら、あなたがやるべきことはふたつあります。

ひとつは、**自分が見過ごしているものに気づく**こと。

これを、私は『**「ある」を探す**』といっています。人はつい自分に足りないものやできないことばかり探しがちです。ですが、今持っているもの、「ある」ことを見つけると、世界は大きく変わっていきます。

もうひとつは、**金脈を埋もれさせる「心の着ぶくれ」を取り除くこと**です。厚着をしているとき、暑かったら脱ぎますよね。すると風通しがよくなって涼しくなりますし、動きやすくもなります。それと同じで、心の着ぶくれを脱ぎ捨てていくと、自分本来の姿が見えてきます。ここでいう自分本来の姿とは、つまり**「素の自分」**です。

このふたつが見えてきたとき、あなたの「金脈」が少しずつ見えてきます。

この本では、そのための方法をご紹介していきます。

第1章では、まず「金脈」とは何か？　という全体像をお話しします。

第2章では、お金と仲良くなる方法についてお伝えします。

第3章はお金が入ってくるお財布の選び方や使い方をご紹介しています。

第4章からはあなたの「金脈」を見つけるための習慣のご紹介です。第4章は朝晩に行ないたい習慣、第5章は神社でのお参りの仕方、第6章は日常のちょっとした生活習慣、第7章は「金脈」の本質を磨くものの考え方や自分とのつき合い方を挙げています。

これらはすべて、私が試して「これはいいな！」「効くな」と思った選りすぐりの方法です。「これならできそうかな」「やってみたいな」と思うものから始めてみてください。

個人差はありますが、早い方で3日目くらいから、1週間経った頃には「あれ？なんかいつもと違うかも？」と感じ始めることが増えてくるでしょう。そこから目に見える世界がどんどん変わってくるはずです。それが自分の金脈に近づいた証拠でもあります。

繰り返しになりますが、大切なことなので何度もいいます。

誰でも、自分の中に「金脈」を持っています。

さあ、この本で、私と一緒に金脈を見つけましょう。

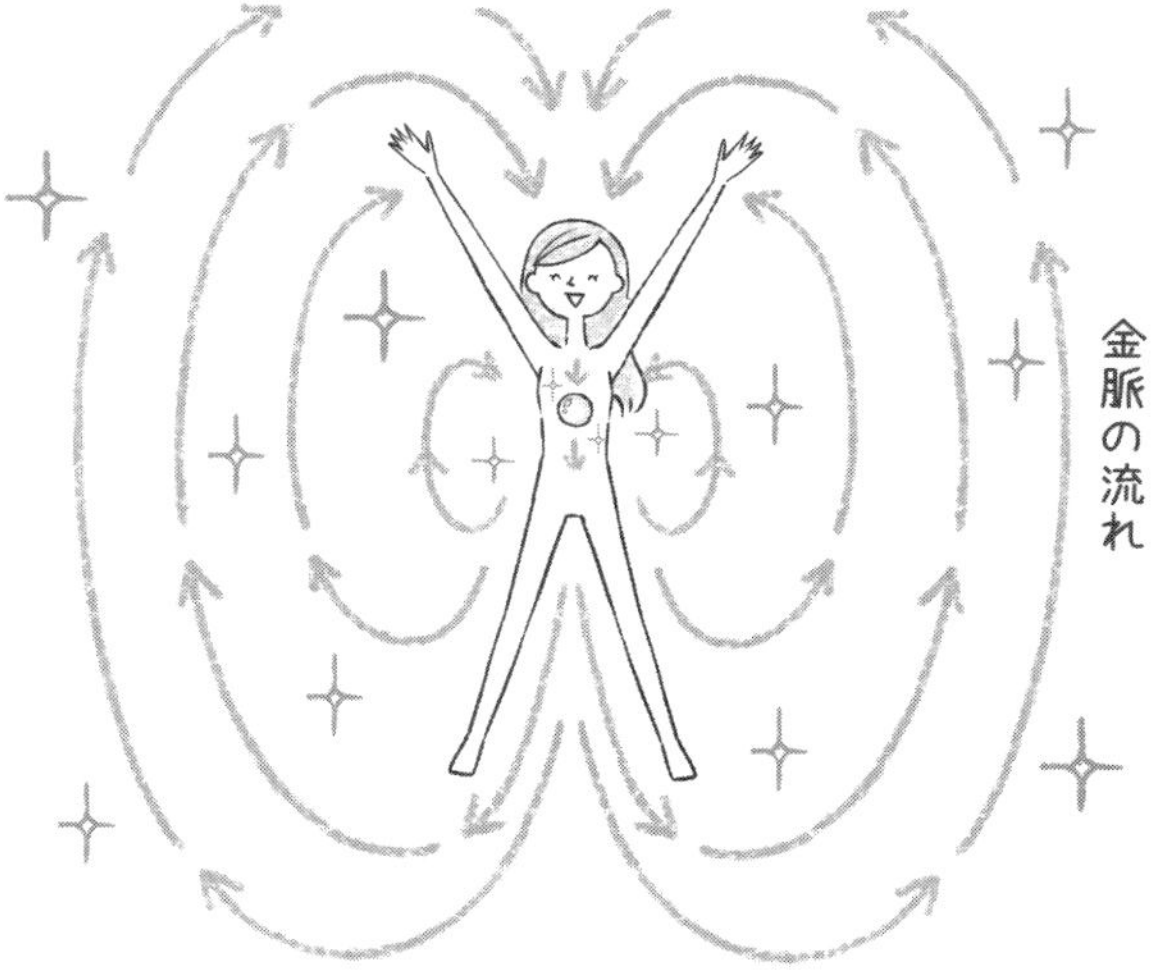

金脈は誰にでもある！
心の着ぶくれをなくしていこう！

目次●お賽銭には1万円を用意しなさい！

第1章

お金の流れを自分に向ける

ないものねだりより、あるもの探しを！

第2章

結局、「お金が大好き」といっている人がうまくいく

お金を恋人にする

第3章

お財布にレシートや診察券を入れてませんか？

財布の選び方・使い方

第4章

金脈発見・朝晩の習慣

一日の始まりと終わりを丁寧に過ごす

第5章

お賽銭、思いきって「お札」を入れてみる

金脈を目覚めさせる神社お参りの習慣

第6章

金脈を活性化させる日々の小さな習慣

ほんの少し、日々の生活に変化を与えてみる

第7章

金脈の体幹トレーニング

こんなときどうする？
自分軸を太くする生き方

お金の流れを自分に向ける

第1章

ないものねだりより、あるもの探しを！

金脈の見つけ方――❶

「ある」を見つけるだけで人生は大きく好転する

自分の金脈を見つけるのにもっとも大切なことのひとつは、**今、目の前の「ある」を見つけること**です。私たちは、つい「あれもない」「これも足りない」という「ない」目線でものを見てしまいがちです。ですが、「ない」にフォーカスしていると、目の前に「ある」ものに気づかず、見逃してしまいます。

かくいう私も、かつては「ない！」ばかり見ていました。

先にも少しお話ししましたが、義父が亡くなったあと、1億円超の借金を肩代わりすることになりました。世帯年収は300万円。私は当時専業主婦で妊娠中。義母は脳梗塞で倒れて退院したばかりです。

私も働きに出なければと思いましたが、できることなど何も思いつきませんでした。

頭もよくないし、資格もなければ勉強もできない。スキルも能力もない。しかも、お金がない、貯金もない。だから、もちろん返済するお金などありません。

もう本当にどちらを向いても「ない」しかなくて、どう考えても「返済なんて、絶対ムリ！」な状態だったのです。

どうして、私がこんな目にあわなければいけないんだろう……。

来る日も来る日も同じことばかり考えて、暗い気持ちになっていました。

それでも、借金の返済は待ってくれません。

借金を返せないと住む家がなくなる。一家離散になるかもしれない。ですが、生まれてくる子どもを道連れにするわけにはいかない。

とにかく、自分ができる仕事を探さなければ……！

できることなど何もない私が、唯一「好き」といえるのが「掃除」でした。

そこで、掃除の中で少しでも時給がよく、かつ周りの人の目につきにくい仕事を探すと「パチンコ店の夜の清掃」がヒットしました。でも、この収入ではどんなにがんばっても、到底借金を完済することはできません。

目の前に広がるのは先の見えない絶望ばかりです。

寝る前には「ああ、ここで目を閉じて一生目が覚めなければいいのに」と思い、朝が来ると「ああ、今日も私は生きてしまった……。このまま楽に死ねたらいいのに」と考えたこともたびたびありました。

悪いことは重なるもので、出産してしばらくしたあとに足を骨折、さらには健診でガンまで見つかって入院することになったのです。

正直、「私の人生、終わった……」と思いました。

先生には、「本当にいいタイミングでしたね。もうちょっと早かったら早期すぎてガンは見つからなかっただろうし、もっと遅かったらガンはもっと進行していたと思います。これは宝くじの当たりよりすごいことですよ」といわれたけれど、とても素直に受け取れませんでした。「ガンが見つかったのに、なんで『よかった』なの？　むしろ私は宝くじに当たりたい。お金が欲しい」と怒りが増すばかりでした。「命が助かってよかったね」と先生はいってくれたのに、私にはそれが通じなかったのです。

けれど、日が経つうちに少しずつ考えが変わってきました。病院ですから、時に亡くなる方もいらっしゃいます。自分だってもう少しガンの発見が遅かったら、命を落としていたかもしれません。そんな中、ありがたいことに私は命がある。先生が「宝くじに当たるよりもすごいことですよ」といってくれた意味が初めてわかりかけたのでした。

自分の視点が「ない」から「ある」に切り替わった瞬間でした。
借金も返せていないし、ガンで入院している。働けないし、動けない。

だけど、命は「ある」。

するとそこから、「お金がない！」と思っていたことについても、こう思えるようになってきたのです。

「夫のお腹はぽっこり出ている。なぜかといえば、毎日のように好きなビールを飲んでごはんをしっかり食べているから。

『お金がない！』といっているけれど、実際にはお腹が出るくらいビールは飲めているし、食べものにも困っていない。

それって、好きなビールを買うお金は〝ある〟ということなのでは？」

あらためて考えてみたら、冷蔵庫には麦茶も冷えているし、冷凍庫にはアイスクリームもある。電気代も水道代も払えている。さらにいえば、1回も借金の督促をされたことがない。ということは、毎月借金の返済はできている。

「あるがいっぱい。これってすごいことなんじゃない？」

仕事も、自分の「ある」に気づき、その中から自分にできることを考えるようになりました。すると、借金も加速度をつけて返済できるようになったのです。もし、「ない」ばかり考えていたら、きっと今も借金を完済できずに「うーっ、お金がない！」ともがき苦しんでいたと思います。

自分の「ある」に気づいたら、世界が今までとまったく違って見えてきたのです。

たとえば、取引先にお金を振り込むとき。これまでは「ああ、またお金が減ってしまった……」と思っていたのが、「ああ、今日も振り込めるだけのお金があった。

よかった」に変わり、振り込むお金を稼いだ自分を褒めてあげたい気分にさえなりました。

生活費を銀行から引き出すとき。それまでは預金通帳を見て、「ああ、お金をおろしたら残高はこれだけだ……」と暗い気持ちになっていたのが、「今日も生活できるだけのお金を引き出すことができた。ああ、ありがたい！」と預金通帳を見ながら、感謝の気持ちを抱くようになったのです。

人は「自分の意識を向けたところが拡大する」といわれています。「ない」にフォーカスすると「ない」ことばかり目につくし、「ある」にフォーカスすると「ある」ことが目につくようになります。

私の場合も、まさに「ない」にフォーカスしていたときには、お金がない、能力がない、自分に合う仕事がない、借金が返せないと、「ない」ことばかり目についていて、暗い気持ちになっていました。

けれど、「ある」にフォーカスするようになったら、「ビールを飲むお金がある！」「仕事がある」「子どものお稽古代を払うお金がある」「働く場所がある」と「ある」ことばかり気づいて、とてもうれしい気持ちになり、感謝の気持ちがわいてきたのです。

「ある」というのは、とっても気持ちのいいものですね。

心が満たされて、気持ちに余裕ができて……。それが毎日続くから、自然と日々の生活が楽しくなりますよ。そして、**「ある」という出来事が次々と起こるようになります。**

もし、今あなたが「うちにはお金がないし……」「子どもの成績がよくない」「家が広くないし……」「自分のやりたいことがわからない」「何も長所がない」と考えているとしたら、ぜひ「ある」に目を向けてみましょう。

第2章以降でご紹介している習慣のうち、たとえば「通帳を眺めてニタニタする」

は、ぜひやってみてください。

どんな小さなことでもいいので、「ある」を積み重ねていきましょう。視点が変わると、世界は大きく変わります。毎日が豊かで楽しくなりますよ。

Point 1

「ある」に感謝すると、「ある」が次々と増える。

金脈の見つけ方――2

「快」の気持ちを追求していくだけでいい

プロローグでも少しお話ししましたが、金脈を見つけやすくするには、**社会や家のルール、常識、価値観、しがらみ、思い込み、見栄、体裁などの「心の着ぶくれ」を脱ぎ捨てることが大事です。**いろいろと着込んでいると、本当の自分がわからず、「自分は何をしたいのか？」が見えなくなってしまうからです。

たとえば、親から「あなたはこうあるべきだ」「～しなければならない」といわれ続け、誰かの顔色をうかがいながら自分の本心とは別の言動を取ってきた人もいるのではないでしょうか。周囲から、「そんなことするなんて、恥ずかしい」「かっこ悪い」と思われるのではないかと恐れて、自分の思い通りに動けないこともあるでしょう。

そのほか、「きちんとしなければ」「周囲の人にどう思われるだろう」「こんなことをしたら嫌われてしまうかもしれない」といった思いに縛られていることも多いです。

ほとんどの人は「心の着ぶくれ」は、小さい頃からいつのまにか身につけ続けています。

中には、たとえるならセーターを何枚も重ねたうえに、ジャケット、厚手のコート、ダウンジャケットを何枚も着て、マフラー3つ、サングラスにゴーグル、耳当て、手袋、靴下も重ねばきして……とまるで雪だるまみたいにゴロゴロになっている人もいます。


そのような状態で、「好きな方向に全速力で走って！」といわれても、目指すところがどこか見えないし、身動きがうまく取れないですよね。このように心が余計なものでおおわれてしまっている人は、本当にたくさんいらっしゃいます。

この着ぶくれを1枚1枚はぎ取っていくうちに、少しずつ縛られていたもの、こり固まっていた思考から解放されます。別の言い方をすると、タマネギの皮を1枚1枚はがしていくようなイメージです。**最後に中央に出てきた「芯」のようなもの、それが「素の自分」であり、「金脈」に結びつくものです。**

素の自分になると、自分の本当の心の声に耳を傾けることができるようになります。心の声がくみ取れるようになることで、自分にとって何が「快」で何が「不快」なのかもわかるようになります。

そして、快の気持ちを追求していくことと、自分が本当にやりたいこと、自分があたりまえにできることをマッチさせていくと、「金脈」に結びついていくのです。

Point 2

他人からの目線を手放し、本心に耳を傾けると金脈が近づいてくる。

金脈の見つけ方――③

子どもの頃に得意だったことを思い出してみる

「ある」を探せるようになり、「心の着ぶくれ」がなくなって心の風通しがよくなるというのは、金脈のありかがわかりやすくなった状態です。次は、金脈を掘って、取り出し、それを活用するという作業になります。

「『ある』を見つける」と「心の着ぶくれを取り除く」、そして過去、現在、未来を掛け合わせることで、次のようなことができるようになります。

1. 過去の自分から「自分の本質、才能」を見つけることができる
2. 心の〝現在地〟（今の自分にとって好ましいこと、嫌なこと）がわかる
3. 自分の望みを未来に〝ピンどめ〟して現実化させる

つまり、過去の経験からあなたの「金脈」のヒントが見つかり、それをもとに今の自分が本当にやりたいことが見つかって、なりたい未来が次々と現実になっていく、というわけです。

こうして、過去、現在、未来を自由に行き来しながら、らせん階段を上るようにどんどんパワーアップすることができるのです。

一つひとつの事柄について、詳しくお話ししていきますね。

最初にお話ししたように、金脈はその人の本質であり、持っている資質や才能をいいます。ですが、自分が持っている資質や才能って目に見えないし、わかりにくいですよね。自分の姿形は鏡や映像を通してしか見えないのと同じように、自分自身で見つけるのは難しいのです。

では、どうすればいいのでしょう？　実は、**「過去の自分」にそのヒントがあります。**「過去の自分」から「ある」を見つけてみると、自分の本質や才能が少しずつ浮彫りになってくるのです。

私は、その人の「金脈」を鑑定する際には、次のような質問をします。

・中学生くらいまでで、得意だったこと、ほかの人に褒められたことは何ですか？
・これまでに特に苦労を感じずにやってきたことは何ですか？
・ほかの人から「大変だね」「よくできるね」「がんばっているね」といわれるけれど、自分にはまったく自覚がなくて、楽しみながらやれることは何ですか？
・「気づいたら、お昼ごはんを食べていなかった！」というように、つい時間を忘れて没頭してしまうようなことは何ですか？

ここで挙がった答えは、金脈に気づくヒントになることがとても多いです。

自分にとってはあたりまえ、だけどほかの人にはなかなかできないこと。自然とできることだけれど、ほかの人は苦労していること。これが「金脈」です。

たとえば、私は小学校の頃から友達の相談を受けることが多かったのです。自分ではほかの人も当然同じように相談を受けていると思っていましたし、特別なことは何もしていないつもりでした。ですが、別の友達から、「いつも人の話ばかり聞いて疲れない？」とか「なんだか大変そうだね」「すごいよね」といわれることが多くなり、「もしかして、これってほかの人はやっていないことなの？」と、そこで初めて気づいたのでした。

実際、いつもは早く寝てしまうのに、相談を受けているときには気づいたら夜中近くまでに起きていたということもありました。

人の相談を受けることは、私にとっては実に自然で疲れを感じないことでした。これが私の金脈なのかも、と気づいたのは、ずいぶんあとになってからです。

子どもの頃は、誰でも「素の自分」なんですよね。たとえば、同じ男の兄弟でも、上の子は電車が好きだけれど、下の子は恐竜が好きで、電車にはまったく興味を示さないことはよくあります。これって、無意識に本当に好きなものをつかんでいるということではないでしょうか。

このように、過去に時間を忘れるほど好きだったこととか、なぜか自然とやっていたことなどは、素の自分がやっていること。でも、大人になるにつれ、それを忘れてしまうのです。

過去の自分を振り返ってみることも、金脈を見つける近道になります。

Point 3

あなたはあたりまえにできるが、ほかの人には難しいこと。それが「金脈」。

金脈の見つけ方――4

過去得意だったことを現在に活かしてみる

過去の自分から、自分の得意なことを見つけたら、それを「今の自分にできること」と掛け合わせてみましょう。「自分が今、本当にやりたいこと」がはっきりしてきます。

たとえば、過去を振り返ってみて、「小さい頃、人前に立ってしゃべるのがすごく気持ちよかった」ということを思い出したB子さん。「人前に立ってしゃべること」が好きなんだ、ということに気づいたのです。これが「素のB子さん」の姿です。

そこから「しゃべるのが好きなら、じゃあ何ができるだろう？」と、今の自分に照らし合わせながら、できることを考え始めます。

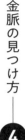

今の自分の状況を考えながら次のステップである「未来」に目を向けていくのです。
このとき、脳内検索エンジンでは「人前でしゃべること」というワードが検索されれ、情報がどんどん目に飛び込んできたり、事象が起こったりするようになります。

B子さんの場合は、それ以来オーディションのお知らせがよく目につくようになったといいます。そして、「ミセスコンテスト」のお知らせを見て、チャレンジすることを思い立ちました。B子さんは、「結果がどうであれ、すごく自信がつきました」といっていました。

「過去の自分」から「素の自分」を探り、次に素の自分を活かしながら「今の自分」が何をしたいのかを探っていきます。

Point 4

過去に得意だったことを使って、今の自分には何ができるかを探ってみる。

金脈の見つけ方――5

望む未来をイメージして妄想する！

今の自分がやりたいこと、好きなものなどが明確になってくると、それに合わせて、「こんなふうになりたいな」「将来、こんな生活を送りたいな」「これが欲しいな」など、今はかなっていないけれど、「こんなだったらいいなあ」という未来を思い描くようになるのではないでしょうか。

それらはすべて脳内にピンでとめておきましょう。

願い事をボードに貼り付けて、一日に何度も目にするうちにそれが潜在意識の中にインプットされて願いがかなう、という話を聞いたことはありませんか。それと同じです。この場合は、文字ではなく画像を脳内にインプットするのです。自分のお気に入りの景色や写真を壁に貼っておくようなイメージです。

ここで大事なのは、五感を使って「なりたい未来」を鮮明に脳内再生させることです。風景や、目に映るものの色や形、におい、そのときの自分の気持ちなどを細かく感じてみましょう。

そのようにして、未来の事柄をまるで「すでに起こった事実」のように脳に確定させるのです。

私は借金を抱えていたときから、この方法を何度も繰り返し行なってきました。好きなスカーフを巻いて、こんなワンピースを着て、好きな車でお堀端をドライブする場面を、ものすごく鮮明に思い描いたのです。

何度もお堀端を脳内ドライブするうちに、最後には本当に風のにおいまで感じられるようになりました。車を降りる場面では、ドライブから帰ってきた充実感や爽快感を覚えました。

そして、この五感を使ったイメージを続けていたら、現実がものすごく変わっていったのです。実際に好きなワンピースとスカーフを手に入れることができました し、欲しい車で思い描いていた通りお堀端をドライブすることが実現しました。なりたい未来の事柄が本当に現実になった瞬間です。

それ以来、願った未来が次々と現実になっていきました。1億円の借金完済もそのひとつです。

本気で願った未来は必ず現実になります。

まずは、自分がどうなりたいか？　望む未来のイメージをひとつ考えてみましょう。慣れてきたら複数あってもいいですが、初めのうちは少ないほうがイメージしやすいものです。素直にやりたいと思うこと、「こうなれたらいいな」と考えることを思い浮かべてみましょう。

もし欲しいものがあったら、色や形、ブランド、値段などをできる限り具体的に考えてみましょう。そして、それを持って喜んでいる自分の姿とそのときの気持ちや感覚を鮮明に頭の中に思い浮かべてみるのです。

ブランドのバッグなら、「50万円のバッグ」「ブランドは○○で、色はこう、形はこう」……と考えます。それとともに、そのバッグを買ったときのうれしい気持ちも想像し、膨らませてみましょう。

箱を開けたときのドキドキ感や、肩に掛けたときに「わあ、うれしい！」という気持ちが胸いっぱいに広がる様子、「どの洋服に合わせようかな」とワクワクする気持ちなどを、思いっきり頭の中に広げるのです。**それが妄想なのか現実なのかわからなくなるくらいになるのがコツです。**

すると、脳内の検索エンジンに「50万円の○○のバッグ」と入力されて、そこから裏側では実際に検索が始まります。すると、そのバッグが買える金額を稼げるような情報が舞い込んできたり、稼げたりする状況が訪れるのです。

ここでは、「こんなことを思ったって、実現するかどうかわからないし」「欲張りだと思われたくない」「誰かに知られたら恥ずかしい」という思いは、一切持たなくて大丈夫です。あなたの頭の中は誰にも見えませんから、思いっきり自分の望む世界を爆発させましょう。

今すぐできなくても、そこから「できるための方法や手段」が見えてくることもあります。「どんなことならできる？」「何から始めればいい？」「誰かに頼めばできる？」など、方法や打つ手を考えていく力も生まれてきます。

Point 5

**望む未来を脳内にインプット！
うれしい気持ちで妄想を爆発させると現実化する。**

金脈の見つけ方――6

行動より前にまず「意識」を変えよう

今、「ちょっとつらい……」「しんどいな」「今の自分をなんとかしたい」と感じている人は、たくさんいらっしゃるのではないでしょうか。

そのような心持ちのときにやりがちなのが、「とにかく行動を起こす」こと。何をやっていいかわからないので、とにかくすすめられたものに飛びついてしまう。その結果、痛い目にあうこともよくあります。「投資がいいよ」といわれてやってみたら、実は詐欺だったという話もよく聞きます。

「なんとかしたい」「イヤなことを早く取り除こう」という気持ちで何かをやって

も、残念ながらなんともなりません。木の枝葉を切り落としているのと同じことなので、一時はしのげてもしばらくしたら、木の枝が伸びてくるのと同じようにイヤなことがまたあらわれて、同じことが繰り返されるだけです。

とはいっても、「何かしなきゃ！」と焦ってつい行動を起こしたくなりますよね。その気持ち、とってもよくわかります。

でも、焦っているときほど、まず立ち止まって「意識」を変えることから始めてほしいのです。

意識を変え、方向を定めてから動き出すこと。やみくもに動いてはダメです。

おもしろいもので、焦っているときほどやみくもに動きたくなるような現実が目の前にあらわれます。「溺れる者はわらをもつかむ」といいますが、「なんとかしなきゃ！」と気持ちが急いていると、わらが金の延べ棒に見えてしまうこともよくあります。

「これだ！」と思ってつかんだら「ハズレくじ」で、かえって借金が増えてしまった、という方を今まで何人も見ています。

わらを金の延べ棒だと見誤らないように。わらはわらだとわかるように。

そのために知っておいてほしいのは、**お金はあくまでも自分の欲しいものややりたいことをかなえるための「通過点」である**ということです。

私もそうだったのですが、たとえば「借金を減らしたい」と思うと、借金を返すことが目標になってしまって、目の前のことしか見えなくなります。手段を選ばず、少しでも早くお金になりそうなことを選ぶあまり、わらが金の延べ棒に見えて、あやしい話を「なんて魅力的な話なんだろう」と錯覚し、手を出してしまうのです。

けれど、「借金をなくして、どうしたいのか?」「これを手に入れたい」が明確にわかるようになると、「借金を返す」の先が見えるので、冷静に、客観的に物事を俯瞰《ふかん》することができるようになります。だから、わらはわらだと判断できるし、金脈を金脈として見つけることができます。あやしい話に飛びつくこともなくなります。

「早くなんとかしたい！」と思っているときほど、立ち止まって「その先の目標」をしっかりと見据えましょう。

Point 6

「お金を得ること」ではなく
「お金で手に入れたいもの」をゴールにする。

金脈の見つけ方――7

うまくいっている人とそうでない人、どこが違う？

お金もあって、自分の好きなことをやって、イキイキとしている人を見たとき、「あの人の周りにはチャンスがいっぱい転がっていていいなあ」「彼女はラッキーなのよね」「きっと幸運の星のもとに生まれているのだ」

そう思うことはありませんか。

実際、うまくいっている人に話を聞くと、「たまたまなんです。運がよかったからですよ」といっていることも多いです。

ですが、うまくいっている人のところにばかりチャンスが訪れているわけではあ

りません。
チャンスは誰にでも同じように、平等にやってきます。
ただ、うまくいっている人は、たまたま訪れたチャンスを逃すことなく確実にキャッチしているのです。

芥川龍之介の小説『蜘蛛の糸』では、地獄に落ちた主人公の前に１本の蜘蛛の糸が下りてきて、それをつかめば地獄から抜けられるという場面があります。その蜘蛛の糸のような「チャンスの糸」が、自分の目の前に下りてきたときにしっかり気づけることがまずは大切です。

そのチャンスを確実にキャッチするために必要なのが、「心の着ぶくれ」を脱いで、風通しのいい「素の自分」になること。チャンスの糸を見つけるセンサーの感度を高めるのです。

さらにいえば、チャンスの糸を自分でつくっていくことも大事です。

それが、**「未来をピンどめ」**することです。

「なりたい自分」「やりたいこと」を脳にインプットしておくと、脳が勝手に機能して「なりたい自分」になるための方法を検索し、答えをはじき出してくれるのです。

Point 7

「心の着ぶくれ」を脱いだ「素の自分」が、チャンスをモノにする。

金脈の見つけ方――8

妄想はより細かく、具体的にするとよい！

「具体的にイメージすると、未来の事柄も現実化しますよ」というお話をすると、必ず、「いくらイメージしても変わりません。なぜでしょう？」という質問を受けます。

何をやっても変わらないという方には、ある共通点があるようです。

それは、「イメージを十分に具体化しきれていない」という点です。

たとえば、「なりたい未来を教えてください」と聞くと、「好きなときに、好きなところで、お金を気にせずものを買えること」という答えが返ってくることが多いです。ですが、抽象的すぎると脳内にピンどめすることができません。

好きなところはどこで、何を買いたいか。お金を気にせず買うなら、いくらくらいのものが欲しいのかをとにかく細かく挙げてみましょう。

ちなみに、私のかつての願いは、「デパートの地下のお惣菜売り場で、値段を気にせず、左から『これを300g』『あっちを200g』と好きに頼む」でした（笑）。

そのくらい具体的だと、お惣菜売り場で実際に注文している自分の姿がスッと頭に思い浮かびませんか？　それが変化

の第一歩です。

具体的なところまでイメージできるようになると、現実は変わり始めます。

もし今、「何も変わらない」と思っているなら、五感を使いながらより具体的に、より鮮明に、自分の気持ちも合わせながら強く深くイメージしてみましょう。それが「変わらない」から脱出するコツです。

Point 8

目に見えるほど具体的にイメージできると、現実が引き寄せられる。

第2章

お金を恋人にする

結局、「お金が大好き」といっている人がうまくいく

金脈の見つけ方——9

お金と恋愛の不思議な関係

お金とのつき合いは、どこか「恋愛」に似ています。

気になる人ができると、どこに住んでいるのかな？　家族は？　趣味は？　好みのタイプは？　など、その人のことが知りたくなりますよね。その中から自分との共通点を見つけて、距離を縮め、少しずつ気持ちを通わせていく。

そして、相手もあなたに興味を持ってくれ、好意を抱いてくれて、やがておつき合いに発展することも。

ですが、相手に執着しすぎて、「なんで電話くれないの？」「LINEの返事が遅いんだけど」「最近会えないけど、私への気持ちが冷めたの？」「週末はどこに行っていたの？」などとしつこくすると、相手は重く感じてやがて離れていってしまうことも……。度を超すとストーカーとなって嫌われるばかりです。

お金との関係も、実はこれとまったく同じです。

お金に執着しすぎると、お金の奴隷になり、お金のためなら友達を裏切ったり手を汚したりするなど手段を選ばなくなってしまうことも。お金はその様子を見て引き、離れていってしまいます。

逆に「お金なんて興味ないわ」と遠ざけたり、歩み寄ったりしないでいても、お金は近寄ってきません。

そう考えると、**お金ってものすごく人間っぽいのです。しつこく追いかけすぎれば逃げるし、冷たくしすぎても去っていってしまう。**

ですが、大切に扱えばどんどん距離が近づいてきてくれるし、応援すれば味方になってあなたの思いに応えてくれる。居心地のいい空間をつくってあげたら、ずっと一緒にいてくれる。そんな存在です。

であれば、お金と上手にいい関係を築いていきたいですよね。

Point 9

お金を大切な恋人のように扱おう。応援してくれ、味方になってくれる。

金脈の見つけ方――10

通帳を眺めて、ニタニタしよう

お給料など、収入があったら、まず何をしますか？

私はまずお金を銀行に預けて、「ああ、今月もお金を貯めることができました」と感謝し、「今月も貯めることができた自分はえらい！」と自分で自分を褒めながら、通帳を眺めてニタニタしながら喜びをかみしめます（笑）。

この行為によって、お金が「ある」という意識を自分の頭の中にしっかりと書き込むことができるのです。

特に、お金に余裕のないときは、お金が入ったら「すぐに支払いに回さなければ……」と考えがちです。

ですが、先にお金を支払いにあてると、「ああ、また減ってしまった」「これしか残ってない……」と「ない」ほうに意識が向いてしまうのです。

「ああ、また引き落とされた」「ああ、どんどんお金が減っていく」「もうじきお金がなくなる。どうしよう。こんなに大変な思いをしているのに、どうしてこれだけしか残らないんだろう」と、減っていくこと、なくなることばかりが見えて、焦りや不安を覚えるでしょう。

そして、「お金がない」「お金が減っていく」現実を引き寄せてしまうのです。

収入があったら、「支払い」よりまず「貯金」から。金額はどんなに少額でも

いいのです。お金が増えたという「プラス」を喜びましょう。

「ある」を意識してから支払うことで、「なくなる」という意識がかなり書き換えられます。

マイナスに引っ張られず、小さなプラスを探して、喜びを積み重ねていくことが大切です。

Point 10

入金後は通帳を眺めてニタニタ。
「お金がある」意識が「お金がある」状態を引き寄せる。

金脈の見つけ方――11

お札の中の「推し」を見つけよう

一万円札に描かれた偉人の「顔」をじっくり眺めたことはありますか？

お金はそれぞれいろいろな場所をめぐって、あなたの手元にやってきます。おもしろいことにこれまでたどってきた境遇によって、どれも表情が異なって見えるのです。

私は一万円札を机に並べ、好きな顔の順位をつけて一番の「推し」を決めます。一番のお気に入りには名前をつけて、好きなものを買うときや大切な人のプレゼントを買う際など「ここぞ！」という場面で使うようにしましょう。

先日、受講生の方たちに「どのお札の人が男前に見えますか？」と聞いたところ、みなさんそれぞれに違うお札を選びました。顔の好みのタイプが違うように、お札の顔の好みも分かれるようです。

ある方はKAT-TUNの亀梨和也さんが好きなので、一番のお気に入りのお札に「亀ちゃん」と名づけました。その「亀ちゃん」を使うときに「亀ちゃん、どうか世の中の役に立ってきてね」と心の中でいって送り出しました。亀ちゃんのファンだから、世の中で活躍してくれることを期待するし、それを温かく見守る気持ちにもなるのです。そんなファンがいるなんて、お金の亀ちゃんもうれしいですよね。

きっと期待に応えて活躍してくれるはずです。もしかしたら、一回り大きくなって帰ってきてくれるかもしれません。

実は、この「応援したくなる気持ち」を持てることが重要です。**お札のほうも「応援してくれている」と思うとそれに応えたくなるからか、お金の循環が大きく変わります。さらに、お財布のお金がなぜか減らなくなるといううれしいおまけつきです。**

普通のお札は折れていたり、しわになっていたりすることも多いので、余計に顔が違って見えますが、新札であってもやはり1枚1枚顔の表情は違います。もしできたら、一度すべて新札でその顔を比較してみてください。

ちょっとゲーム感覚でできて、しかもお金が減らなくなる魔法のような方法です。ぜひ、一度試してみてください。

Point 11

お札に名前をつけて応援の気持ちで送り出そう。お金の循環がよくなる！

金脈の見つけ方――⑫

お札が手元に来たら抱きしめる

突然ですが、みなさんは１０００万円の札束を持ったことがありますか？

このような経験のある人は、あまりいないですよね。

以前、私は「お金の波動」を感じるために、10人くらいで集まってひとり数分ずつ１０００万円の札束を持ってもらうという経験をしてもらいました。それがすべて自分のお金だったらいいのにな、と思ってもらいながら（笑）。

新札１束が１００万円なので、１０００万円は全部で10束です。意外と小さく感じられて、「たったこれだけ？」と思わず口にした方もいらっしゃいました。

けれど、順番にそれを抱いたり、頭に乗せたり、バッグの中に入れて持ってみたりしたら、「ものすごくうれしい！こんな気持ち、今まで味わったことがない」というくらい大きな喜びの感情がわいてきたようなのです。

「お金の波動ってこんなにも人をうれしくさせてくれるものなのだ」というのが、体験した方たち共通の意見でした。

そこでは、「このお金も減ってしまう」とか「なくなる」という気持ちはまったく生まれませんでした。それだけ、**お金の波動はプラスの要素が強い**のですね。

1000万円を手にする機会はなかなかないと思いますが、現金でお札を手にした際にはぜひハグをして、お金の波動を感じてください。

喜びの気持ちを実際に味わってみてください。

その気持ちは確実にお金にも伝わります。そして、もっと喜ばせようとしてくれるはずです。

Point 12

実際にお札をハグして、お金のプラスの波動を感じよう。

金脈の見つけ方 13

支払いを先延ばしにしない

税金や取引先などへの支払いって気が重いですよね。絶対に支払わなければいけないのはわかっているのに、ついつい先延ばしにしがちです。

ですが、支払いはとにかくさっさと済ませましょう。

というのも、「あー、イヤだな。でも、早く支払い済ませないと」と頭のどこかで思いながら日常生活を送っていると、知らず知らずのうちに、「ない」「イヤ」の部分にばかり意識が向いてしまいます。時間が経てば経つほど面倒くさくなって、どんどんイヤな気持ちは増幅していくのです。

また、「支払いをしなければ」という思いが脳内に大きく居座るようになると、せっかく頭の中にピンどめした「未来のやりたいこと」が「支払っていない」「イヤだな」に埋もれてしまうのです。

このように、支払いを先延ばしにしたところで、まったくいいことはないのです。

かくいう私も、以前は税金や取引先の支払いを延滞料金がかかるギリギリまで延ばしていました。ですが、あるとき取引先の方が先払いしてくれたことがありました。それがものすごくうれしく感じたのです。

「早く支払ってもらえることはこんなにもうれしいことなのだ」と初めて気づきました。それと同時に、自分がいかに取引先にイヤな思いをさせていたかも知りました。以来、少しでも早く支払うことを心がけるようになりました。

するとどうでしょう。**相手に喜ばれることが増えたばかりでなく、自分自身も余計なことで頭を占拠されることがなくなって、ものすごくすっきりした気持ちで日々を過ごせるようになったのです。**

支払いもそうですし、子どもの学校のプリントへの返事、上司や取引先へのメールの返信などもそうです。旅行なども、「行きたい！」と思ったらすぐに行動に移して予約すると、早割などの割引を使えることも多いですし、あとになって「あのとき、やっておけばよかった」と悔やむことも少なくなります。

「やらなきゃ」と思っていることは時間を置かずにさっさと終わらせる。脳内にはイヤなことをため込まず、すっきりした状態を保つようにしましょう。「金脈」にも気づきやすい状態になります。

Point 13

支払いはとっとと済ませる！相手も喜び、金脈にも気づきやすくなる。

金脈の見つけ方――14

「いただきもの」をお金に換算する

「お金がない！」と嘆いている方も、たとえば「今日は上司にごちそうしてもらった」とか「お土産をいただいた」ということは意外とあるのではないでしょうか。

お金を「現金」とだけ考えていると、「ない」かもしれません。ですが、「いただきもの」も含めてみると、意外と「ある」かもしれないのです。

一度、ほかの人からいただいたもの、ごちそうしてもらったものをお金に換算してみましょう。名づけて、「いただきもの貯金」です。これを続けていくと、不思議なことに「お金がないから無理」とあきらめていたものに手が届くようになります。

「20万円のバッグが欲しい」と考えたとき、たとえば1万円分くらい誰かにごちそうしてもらったとします。そのとき、「20万円のうちの1万円がきた。だから、あと19万円あれば、欲しいバッグが買えるな」と考えるのです。もらったのは現金1万円ではありませんが、1万円分の価値があります。ですから、1万円をもらったのと同じと考えるのです。

このようにして**お金が「ある」を意識していくと、本当にお金が「ある」出来事が起こる**ようになります。もらいものが増えたり、ご飯を食べに連れて行ってもらえる機会が増えたりすることもあります。

そして、「もらいものというお金が入ってくるのだ」という意識を持てるようになると、これまで存在を忘れていたところにお金があることに気づいたり、実際に現金が入ってきたりする出来事がやってきます。

掃除をしていたら5万円以上入った通帳が突然出てきたという方もいらっしゃい

ます。ほかには、たまたま保険の見直しをしたら５万円入ってきた、不要なものを売ったら５万円になったという例もあります。

この方法で、あきらめかけていた私の講座を受講することができたという方が何人もいらっしゃいます。

先日いらしたシングルマザーのＡ子さん。最初受講料が足りなくて、この「いただきもの貯金」を始めました。ある日、用事があって市役所に行ったらたまたまシングルマザー向けの補助金の講習会をやっていました。「私は補助の対象かも？」と飛び入りで話を聞いて申請をしたところ、ちょうど足りなかった受講料分ぴったりのお金が入ってきたのです。

こうして、無事に講座を受けることができたといいます。

「欲しい」「行きたい」と思うことができたら、それに向かって「いただきもの貯金」をぜひ始めてみましょう。「またいただいちゃった、うれしいな！」と考えながら、カウントダウンしていくうちに、どんどんお金が入ってくる自分へと変わっ

ていきます。

最後には「願いがかなう」というミラクルが起きます。しかも、宝くじよりも高い確率ですから、ぜひやってみてください。

欲しいものがあっても「お金がないから無理だな」と思ったら、その時点で「無理」は確定です。だったら、いただきもの貯金で夢をかなえましょう。

Point 14

いただきものをお金に換算すると、お金が入ってくる自分になれる。

金脈の見つけ方――15

お金を支払うとき、「あなたのおかげです」と感謝する

私は、お金にはそれぞれ「役割」があると思っています。

もちろん、お金は「お金」ではあるのですが、あるお金は食料を買うために使われるし、別のお金は子どもが塾に行くために手元を去っていきます。**お金によって使われる用途も行先も異なります。**それを意識して考えるのです。

我が家では塾代は「子どもが東京の大学に行きたい」という願いをかなえてくれるためのお金だったので、支払う際には、「今月も学ばせてくれてありがとう」という感謝の気持ちをいつも伝えていました。

それとともに、高い塾代を今月も支払えた自分も「すごい！」と心の中で褒めて

あげました。「このお金があるから子どもが塾で学べるのだ」と思うと、本当にありがたいなと思うのです。

先日、ある親御さんが「高い月謝を払っているのに、子どもの成績が全然伸びないんです！　だから、もう塾は辞めさせようかと思います」と怒っていました。「高いお金を払っているのに、成績が上がらない」というのは、お金の立場からすると、「役立たず」などと悪口をいわれているように感じますよね。それよりも、「お金があるから塾に通わせられる」と感謝したほうが、お金は喜ぶのではないでしょうか。それに親の気持ちも穏やかになりますよね。

同じお金の使い方でも、お金に対して怒りをぶつけるか、それとも感謝の心を示すか……、気持ちひとつで、未来は変わってきます。そして、お金への感謝の気持ちを伝えたほうが、お金に好かれるのは間違いありません。

買い物ができるのも、さまざまな支払いができるのも、すべてお金があるからこ

そ。お金のおかげです。そこで、お金を出す際には心の中で「このお金で〇〇ができます。ありがとうございます」とお礼を伝えてみましょう。

その気持ちがお金に伝わったとき、何かが起こり始めます。

Point 15

支払ったことに対して悪口はＮＧ。「このお金のおかげです。ありがとう」と伝える。

金脈の見つけ方──16

「おつり募金」で喜びの輪を広げよう

買い物した際に出る小銭は、積極的に募金箱に入れましょう。

というと、「でも、募金先で正しく使われているかわからないし……」と疑問に思い、ためらう方もいると思います。私もかつてはそう考えるひとりでした。

自分だってお金に余裕がないのに、なぜ誰が使うかわからないお金を寄付しなければならないの？　という気持ちがありました。「募金という名目でお金を集めているけれど、正しく使われず、一部の人がお金を手にしていい思いをしているんじゃない？」と疑ってもいて、募金が好きになれなかったのです。

ですが、あるときハッと気づきました。「誰であろうと、困っている人のもとにそのお金が行って、その人が喜んでくれるのであればいいんじゃない？」

お金をもらったら誰であれ、潤いますし、うれしい気持ちになります。**募金をすることで、確実にこの地球上のどこかで喜びが生まれているのです。**

知らず知らずのうちに、私は「自分が募金するお金なんだから、正しく使ってほしい」と、お金の流れをコントロールしようとしていたのです。ですが、お金の流れはコントロールできるものではありません。

募金したことで「喜び」は確実に循環しています。自分はその「喜び」を与えるお手伝いをしたのだ、という事実だけを見て、喜びにフォーカスできるようになったら、自分自身のお金の循環もどんどんいい方向に変わっていきました。

お金の流れは自分ではコントロールできません。だったら、どこかの誰かがお金を得ることで喜びを感じているのだ、という点に意識をフォーカスしてみましょう。喜びの循環があなたのところにもやってきますよ。最初はあまりピンとこないかもしれませんが、何度も行なっているうちに、「なんとなくわかる気がする」という感覚がつかめたり、そう思える出来事が起こったりするはずです。それこそがあなたが大きく変われるチャンスかもしれません。

Point 16

小銭のおつりは募金に回す。喜びの循環が、お金の循環をよくする。

金脈の見つけ方――17

値切るのをやめてみる

ちょっとした態度が、お金との関係を決めてしまうことがあります。

たとえば、誰かと一緒に食事に行った際、「おごってもらって当然」「お金のある人がお金を支払うのがあたりまえ」という態度を取る人がいますよね。それは、「自分はお金がないから支払ってもらって当然……」という考えのあらわれです。

つまり、「自分にはお金がない」という事実を受け入れていて、周囲の人たちに「私はお金がありません」といい広めているのと同じことなのです。**「お金がない」と公言すればするほど、お金がないという状況がやってきます。**

仕事で、取引先に支払いを値切るという行為もそうです。フリーマーケットや家電量販店で、一種のゲームのような感覚で「いくらまで、まけてもらえますか？」というのはいいですが、「自分はお金がない。だから値切ってもらってあたりまえ」という態度は、「私はそれだけの価値がない」といっていることと同じ。やはりお金を遠ざけることになってしまいます。

逆に、**自分を「安売り」するのも、お金を遠ざける原因になります。**

先日、オンラインでコンサルティングをしている方が、集客のために「〇名様に無料コンサルプレゼント」の企画を打ち出しました。「なぜやったのですか？」と聞いたら、「たとえ無料でも、人が来ないよりは来てくれたほうがいいかなと思って」とのこと。

ですが、時間や労力など見えない部分をないがしろにする行為は、暗に「自分は適正に扱われなくてもいい」と公言しているようなものです。そのうち、無料でしか人が集まらない状況になり、やればやるほど自分が疲れてしまうという悪循環に陥るばかりです。

物事には何でも「適正価格」があります。もちろん高すぎるのは問題ですが、不当に安くしすぎるのも「自分には安い価値しかありません」といっていることになり、お金が逃げる原因になります。

私が借金を抱えていたときには、恥ずかしながら「お金がないから」という理由で取引先への支払いを値切り、「今回は○万円浮いた。ラッキー」と思っていました。けれど、そういうことは繰り返されるものですね。別の取引先に集金に行くと、今度は自分が値切った以上の金額を値切られて、かえって損をする結果になることもしばしばでした。

「おかしいな。なんでこんなことが起こるのだろう?」と考えてみたら、そもそも自分が値切っていたことが原因だったんですよね。自ら「お金がありません!」と公言していたから、お金が入ってもすぐに出て行ってしまうという「お金がない」

状況がつくり出されていたのです。

それに、値切ったことで喜んでいるのは、自分だけ。相手はイヤな思いをしています。自分はお金をもらって「うれしい」という感情になりたいのに、相手には「イヤだな」という感情を渡している。それもおかしいことだなということに気づきました。

それ以来、取引先には一円たりとも値切るのをやめました。そして、支払いをする際には「この方たちがいなかったら、私たちは仕事ができないのだ」と感謝の気持ちを忘れないようにしました。

「お金がない。だから払えない」という自分から、「すぐに支払えます」という自分になったら、不思議なことに値切られることもなくなりました。それだけでなく、お金の流れがものすごくよくなったのです。

「ごちそうしてもらってあたりまえ」ではなく、きちんと感謝の気持ちを忘れずに。お金の貸し借りや支払いはきちんと、真摯《しんし》に対応しましょう。

このように、お金に対する態度を少し変えるだけでも、お金の流れは大きく変わります。

Point 17

「値切る」「自分を安売りする」態度は、お金を遠ざける。

金脈の見つけ方――18

お金、もっというと借金を悪者にしない

「借金」というと、悪いものというイメージがとても強いですよね。

実は私自身、「借金＝悪」だとずっと思っていました。「借金をしたら破綻する」とか「地獄に落ちる」とすら考えていたのです。

だから、1億円という借金をすることになったとき、なんだかとても悪いことをしている気がして、「誰にも知られてはいけない！」と陰に隠れるようにしながら暮らしていました。そして、「私が借金したわけではないのに」「別に遊んでいたわけでも、買い物したわけでもないのに、なんでこんな金額を背負わされなければいけないんだ！」と、誰にいうでもなく言い訳をしていたのです。

ですが、よくないのはギャンブルや買い物依存など「お金の使い方」であって、**「お金を借りる」という行為自体は悪いことではない**のですよね。

企業も事業を拡大する際には、銀行から多額の借り入れをしますし、住宅ローン、自動車ローン、学資ローンなども、いってみれば借金です。ですが、別に悪いことではありません。

借金は単なる「事実」であって、いいも悪いもありません。そのことに気づいてから、お金とのつき合い方が大きく変わっていきました。

借金をひけめに感じなくなったので、気分的にも堂々と暮らせるようになりました。そうしたら、お金の流れもよくなり、借金を完済することができました。

それから数年経った頃、なぜかいろいろな銀行の方が「お金を借りてください」と私のところにやってくるようになったのです。借りるときには銀行に出向いて頭を下げて頼み込んだのにと、なんだか不思議な気分でした。

「なぜうちのような小さな会社に?」と聞いたところ、「お金を貸せる先は信用がある会社だけなのですが、御社はこれだけの期間で１億円の借金を完済している、数少ない『信用ある会社』のひとつなのです」というのです。

どうやら、借金を完済したことが信用につながったようなのです。

「借金は悪」ではないことに気づいたら、借金を完済でき、そのことが信用にもつながっていった。新しい視点でした。

もちろん、ブランド品を買いまくってローン破産していいわけではありません。ただ、ひとくくりに「借金は悪だ」と決めつけないほうがいい、ということです。それはお金を悪者にする行為です。

事実を事実としてとらえ、お金を悪者にしない。**悪いのはお金の使い方を誤ることです。**そのことを忘れないようにしましょう。

Point 18

「借金＝悪」ではない！
お金を悪者にしないと、お金とのつき合い方が変わる。

金脈の見つけ方――19

堂々と「お金が好き」といってみる

突然ですが、みなさんはお金が好きですか？

講座の初回にこう質問しますが、ほとんどの方が「え？」とちょっと困った顔をして答えに詰まります。「はい、お金が好きです！」と答える方はまずいません。

「お金が好き」というと、なんとなくガツガツしていてあさましいように見られてしまう。少なくともプラスの印象にはならないと感じるのかもしれませんね。

では、たとえばちょっとがんばって買ったお気に入りのバッグがあったとして、「このバッグ好きですか？」と聞かれたら、「はい！　このバッグ、大好きでずっと愛用しているの！」と大きな声でいえるのではないでしょうか。

そのバッグが10万円だったとしたら、バッグを手に入れるために10万円というお金が必要です。つまり、バッグ＝（バッグを手に入れるための）10万円。

「10万円が好き」も「バッグが好き」も同じことです。

にもかかわらず、「バッグは好き」といえるのにバッグを買うための「お金が好き」といいにくいのは、いったいなぜでしょう？

うまくいっている人は、お金が自分の夢をかなえるのに必要な仲間であることをわかっています。だから、「お金が好きです！」とはっきりいえます。

ですが、一方で、お金がすべてではないことも知っています。

「お金**が**すべて」ではなく、「お金**も**すべて」なんです。

お金がすべてになってしまうと、お金に支配されてしまうばかりです。

お金にばかりとらわれないで、お金の先にあるものを見てみましょう。

お金の先には自分の欲しいものがあります。欲しいものを手に入れるために、お金は必ず通る「通過点」なのです。

たとえば、シャネルの化粧品が欲しいと思ったとします。なぜ欲しいのでしょう？「シャネルというブランドを手にしたいから」という人もいれば、「この化粧品をつけると顔色がよくなるから」という人もいると思います。同じ「欲しい」でも、その目的は異なるのです。そして、「自分がなぜそれを欲しいのか？」という目的を知っている人は、お金に支配されることなく、お金と上手につき合うことができます。

本当に欲しいものは常に「お金の先」にあります。あくまでも、お金は通過点に過ぎません。それを理解できるようになると、お金と対等につき合えるようになり、お金との距離もぐんぐん縮まりますよ。

Point 19

「お金」は通過点。それがわかると、お金に支配されない。

コラム キャッシュレスより現金でお金のパワーを感じて！

先日、「コンビニでもらった小銭のおつりを募金しましょう」という話を講座でしたところ、「いつもキャッシュレス決済をしているから、おつりをもらったことがありません」という答えが返ってきました。

そうか、最近の人はすべてキャッシュレスで済ませるから、小銭も持たないのですね（笑）。そこで、たまにはあえて現金でものを買い、おつりの一部を募金に回してもらうようお伝えしました。それを実践した方は、「なんだか、ものすごくいいことをした気がして、うれしくなりました！」と喜んでいらっしゃいました。このワクワクする気持ちが大事なのです。

キャッシュレスはたしかに便利ですが、お金のある喜びや感謝の気持ちは薄れがちです。それだけでなく、「いくら使っているかわからない」という怖さもありますよね。タッチするだけで決済できるので、お金を使っている感覚も薄れます。気づいたらけっこうな金額の請求が来て驚いた、という話もよく聞きます。

最近は特にキャッシュレス化が進んでいますが、お金には人を喜ばせるパワーがあります。ですから、時には現金を使って、実際にお金の重みやパワーを実感してみてくださいね。

第3章

財布の選び方・使い方

お財布にレシートや診察券を入れてませんか？

金脈の見つけ方――20

カード類はカードケースに、小銭は小銭入れに！

満員電車って、イヤですよね。狭くて苦しくて、「あ〜、一刻も早く降りたい！」と思うのではないでしょうか。

その気持ちはお金も同じ。レシートやポイントカード、小銭などで混み合った、まるで「満員電車」のようなお財布は、お金にとってきゅうくつで居心地が悪い場所。だから「今すぐ出たい」と思うのです。その結果、お金は入ってきてもすぐに出て行ってしまいます。

お財布は、お金にとっての「家」のようなものです。

キレイに整った家は居心地がよくてくつろげるし、友達も呼びやすいですよね。ものがいっぱい散らかった家よりスッキリと片づいた家のほうが居心地がいいと感じ、ずっとそこにいたいと思いますよね。それはお金も同じなのです。

だから、**お金が心地よく住めるような、居心地のいいお財布環境を整えましょう。**

長財布には、お札と運転免許証や保険証、よく使う銀行のキャッシュカードやクレジットカードなど、最小限のカードだけを入れます。

ポイントカードや診察券、会員証などのカード類はカードケースに、小銭は小銭入れに入れるなど、分けて使います。

放っておくとすぐにたまってしまうレシートは、レシートホルダーやファイル、フリーザーバッグなどに入れましょう。そもそもレシートをお財布に入れる必要はないのです。

お財布に入れるお札は、できれば新札のほうがいいですね。新札を持っているとなんとなく気持ちいいものです。私は銀行に行く用事があるときに新札に両替するようにしています。新しいお札は無意識のうちに大切に扱っているはずです。その丁寧な扱いをお金もきっとわかって喜んでくれるはずです。

ちなみに、お財布に金運アップのお守りを入れる人もいると思いますが、入れても1個だけです。1年経ったら、新しいものに替えましょう。たくさんお守りを入れるのは波動が下がる原因になります。

このようにして、**お金が心地よく過ごせる環境になるようお財布を整えると、お金はどんどんお財布に長居して、さらに仲間を呼んできてくれますよ。**

Point 20

お金が心地よく住めるようにお財布の中を整える。お金が長居し、仲間も呼んでくる。

金脈の見つけ方――21

自分に合ったお財布の正しい選び方

みなさんはお財布をどのように選んでいますか？

「金運がアップするみたいだから、とにかく黄色のお財布を！」「雑誌で人気の商品がいいかな」「好きなブランドで探します」「好きな色や形を選んでいます」など、いろいろだと思います。

ですが、お金の流れをよくしたいなら、ぜひ自分に合ったお財布を選びましょう。

自分に合っているかどうかは、「顔映り」がいいかどうかでわかります。

自分に合うお財布は、洋服と同じように、持つと顔色がよく見え、明るい印象になるのです。

普段、お財布を顔の近くに当ててみることはあまりないかもしれません。ですが、試しに気に入ったお財布を2、3個選んだら、全身鏡の前に立って顔の近くに当ててみましょう。似合うお財布を持ったときだけキラキラ輝いて見えるはずです。その違いは一目瞭然です。

ですから、**ネットで購入するのではなく、ぜひ実店舗に行って選びましょう。**
また、ネット通販の場合、画像と現物とのイメージが違うことがよくあります。段ボールを開いて商品を取り出した瞬間、「思っていたのと違う……」と感じることもあるでしょう。瞬間的に感じた

マイナスの気持ちはそのままお財布に染みつき、中に入っているお金にも伝わってなかなか消すことができません。

さらに、違和感を覚えながら、「でもせっかく買ったんだから仕方ない」と、自分の気持ちにふたをしながら使っていると、無意識に出している「イヤ」の気持ちが伝わるからか、お金はどんどん出て行ってしまうのです。私も一度経験したことがあるのですが、そのスピードは本当に恐ろしいほどです。確実に自分に合ったものを見つけるためにも、ぜひ実物を見てから買いましょう。

先日、娘のお財布を見に行きました。あっちのお店に行っては鏡の前でお財布を顔の近くに当て、次のお店でまた別のお財布を顔の前に持って鏡に映し……を繰り返しました。最後は似たような色味でブランドの違うふたつのお財布に絞り、何度も鏡の前で見比べながら最後は娘が選びました。

あとで、そのお財布を選んだ理由を娘に聞いたら、「自分の顔が明るく見えたし、しっくりきたから」といっていました。もうひとつのお財布は「自分には少し大人っぽくて、背伸びをしないといけないような気がした」そうです。

実は私も同じように感じていたのですが、判断は娘に任せようと黙っていました。ですが、どうやら本人がしっかりお財布からのメッセージを受け取っていたようです。

お財布は、値段が高ければいいというわけでもブランドだからいいというわけでもありません。似合うお財布は人それぞれ。**持ったときに自分の顔が輝いて見えるお財布を選んでくださいね。**

Point 21

お財布は、持ったときの顔映りのよさで選ぶ。

金脈の見つけ方――22

人の多い場所でお財布を開かない

駅前や繁華街、ショッピングモールなど、人の多いところにはさまざまな「気」が流れています。特に、マイナスのよどんだ気は粒子が細かく、人の衣類や持ち物にも入り込みやすいので注意が必要です。そのような場でお財布を広げると、すかさず入ってきてしまいます。

イヤな気はなるべく持ち帰らないこと。ですから、**人の多いところではお札の入ったお財布はなるべく開かないようにしましょう。**

人の多いところでは、あらかじめ使いそうな金額を小銭入れなどに移しておきましょう。私はお札を手帳にはさんで持ち歩くようにしています。少額の買い物の際には小銭入れで済みますし、お札は手帳から出します。

先ほど、「お札の入ったお財布と小銭入れ、レシートは別にしましょう」というお話をしましたが、お札の居心地のよさを考えるだけでなく、お札の入ったお財布を開く回数を減らす意味合いもあります。

人はまた、特にお札の入ったお財布を開いた瞬間に「お金が減る！」「お金がなくなる」と感じるようです。

お財布を開けて、「お金が増える！」と思う人はあまりいないのではないでしょうか。「一万円札を崩すと、お金がなくなるのが早いのよね」と無意識で感じることも多いでしょう。

「お金が減る！」と思っていると、本当にお金が減る出来事が起こるようになります。

それを防ぐためにも、お札の入ったお財布を開く回数はなるべく減らしたほうが

いいのです。それだけで、「お金がまた減ってしまう」というマイナスの感情が生まれる回数も少なくなります。

これを続けていくうちに、お金の減りは遅くなりますし、イヤな気をもらうこともかなり減りますよ。

Point 22

マイナスのよどんだ気を避けるために、人の多い場所でお財布を開かない！

金脈の見つけ方——23

10万円、20万円……なるべく多くのお金を持ち歩くようにする

今、あなたのお財布にはいくら入っていますか？

もし、お財布に50万円入っていたらどうでしょう。

「もしここで強盗にあったらどうしよう？」とか「もし落としたら……」など、50万円をなくしたことを想定して怖くなり、持っている間じゅうおどおどしてしまうかもしれません。

この「大金を持つのは怖い」という意識がなくなって、大きなお金も普通に持ち運びができるようになると、年収は上がります。

以前、私は夫に50万円が入った長財布を持たせようとしましたが、猛反発を食らいました。「なくしたらどうするんだ」「落としたら困るから持って行けない」と小銭入れだけ持って出かけようとすらしたのです。「いやいや、大丈夫だから」となだめて、まずは10万円入りの長財布から始めることにしました。

10万円を持ち歩くことに慣れてきたら、次は15万円、20万円……と少しずつ金額をアップしていきました。そして、今では50万円入れていても普通に持ち運びができるようになりました。

持ち運ぶ金額がアップするのに比例して、夫の年収も右肩上がりに増えていったのです。

ほかの何人かの方にも同じように試してもらいましたが、やはりお財布の中の金額が上がるにつれて、収入が増えたり、臨時収入があったりなど、軒並み金運がアップしました。

50万円を普段から持ち歩いても怖くないということは、「50万円と対等な自分になった」ということです。

いきなり10万円以上をお財布に入れるのはハードルが高いと思うので、まずは、いつもより2、3万円多い金額のお金を持ち歩いてみましょう。それに慣れて怖くなくなったら、さらに2、3万円増やし……を繰り返していくのです。

そのうち、**お金とのつき合い方が変わっていって、大金を持っていても堂々と歩ける自分になっていく**はずです。それとともに、入ってくるお金もきっと増えてくるはずですよ。

Point 23

大金を堂々と持ち歩くと、お金とのつき合い方が変わり、収入もアップ。

コラム　お財布は袋に入れてバッグの中に

お金の家であるお財布を大切に扱うために、私はお財布を袋に入れてからバッグに入れるようにしています。お財布を電磁波から守ったり、汚れを防いだりする意味合いがあります。

お財布を入れる袋は気に入っているものなら何でも構いません。ポーチや巾着など、自分が「いいな」と思う、お気に入りの袋に入れてあげましょう。これだけで、かなりキレイに使い続けることができます。

以前、友達とまったく同じ時期に同じお財布を使い始めたのですが、袋に入れていた私のお財布と直にかばんに入れていた友達のお財布では、１年後の傷み方がまったく違いました。私のお財布はまだまだキレイでしたが、友達のお財布はすでに角がすり切れ、色も手あかなどで薄汚れていたのです。それを見た友達が、あわてて袋に入れて持ち歩くようになったほどです。

男性の中には直接お財布をズボンのお尻のポケットに入れる方もいるかと思います。できればやめましょう。お財布を自分に置き換えて考えてみたらどうでしょう？　座るたびにお尻で踏んづけられたら、イヤですよね。きっと「かんべんして！」とお金は逃げ出したくなるでしょう。そんな思いをさせないように、お金もお財布も大切に扱いましょう。

金脈の見つけ方 24

夜、お財布はバッグから出して休ませる

夜寝るとき、お財布はどうしていますか？

バッグの中に入れっぱなし、という方も多いかもしれませんね。

これからは、夜寝る前にはバッグからお財布を取り出して「お布団」に入れ、安心して休ませてあげましょう。

お布団といっても、私たちが寝るようなものではなく、お気に入りのタオルやハンカチなどの布

を半分にして、中にくるんであげるのでも構いません。

大事なのは、きゅうくつな場所から解放して、くつろげる場所でゆっくり休んでもらうことです。人間に質のいい睡眠が必要なのと同じですね。

お金もゆっくり休むことで明日へのパワーを生み出し、翌日から元気に働いてくれますよ。

Point 24

就寝時はお財布をきちんと休ませて、お金にもパワー充電を。

金脈の見つけ方——25

パートナーのお財布を両手で持って、お金に感謝

金運はもちろんのこと、パートナーとの仲をもっとよくしたい方におすすめの方法をご紹介したいと思います。私も夫とのケンカが絶えないときに行ない、その後、夫との関係はかなり改善されました。

相手のお財布を両手に持ち、その中に入っているお金たちに感謝の気持ちを伝えるのです。

たとえ相手との仲が悪くても、相手の持っているお金に罪はありません。パートナーのお財布を両手で包むようにして持ちながら、「夫には腹が立つけれど、お金には関係がない。それに、このお金があるからこそ、毎日生活できています。ありがとう」と心の中で唱えてみましょう。

次第に気持ちが落ち着いて、「このお金を稼いできたのは、夫だしな」と感謝の気持ちがわいてくるようになります。

それがきっと態度にも出るのでしょう。知らないうちに相手の気持ちも穏やかになっています。

ほかの方にも試してもらったところ、しばらくすると「なんだか、相手との関係がよくなってきました！」という声を多数聞きました。

経済状態もよくなり、パートナーとの関係もよくなる、一石二鳥の方法です。

Point 25

パートナーのお財布に「ありがとう」と唱えると、経済状況もふたりの仲もよくなる。

金脈発見・朝晩の習慣

第4章

一日の始まりと終わりを丁寧に過ごす

金脈の見つけ方――26

朝起きたら「耳」と「全身」に神経を集中させる

私が毎朝、起きたらすぐにやっていることがあります。それは「地球の声」を聞くことです。

朝、目が覚めたら、目ではなく耳と全身に神経を集中させ、広い広い地球の上に自分だけが大の字になって寝っ転がっているイメージをします。そして、地球の内側の声に耳を傾けるのです。

最初はわかりづらいかもしれませんが、少し慣れてくると、「地球とつながっているな」と実感できるような音が地球の内側から聞こえてくるようになるはずです。「昨日とはなんだか音が違うな。騒がしいな」と思うと、その日に地震が起こったりすることもあります。

これを続けるうちに、頭がスッキリとクリアになって自分の内側の〝心の声〟も聞き取りやすくなります。

地球からエネルギーをもらって、やる気が出てくるという効果もありますよ。

5分もかかりませんが、「今日も私は生きている。ああ、自分は生きていてもいいんだな。よし、がんばろう！」という活力がわいてきます。少し気持ちが落ち込んでいるときなどは、ぜひやってみてください。

また、頭の中がスッキリするので、その後の仕事もぐんとはかどるはずです。

Point 26

朝一番、地球からエネルギーをもらおう。頭はスッキリ、仕事もはかどる。

金脈の見つけ方――27

太陽の光を浴びて細胞を活性化させよう

太陽が昇ってきたら、くもりでも雨でも日が射す方向に顔を上げて光を浴びながら、その中に存在するエネルギーが自分の中に入り込んでくるのを感じましょう。

自然のエネルギーをもらって細胞が活性化され、めきめきと元気になるのを感じるはずです。

特に、ちょっと弱っているときや、体調を崩しているときなどに行なうと、「ああ、自分は生きているな。生かされているな」と実感することができます。

「太陽があるのはあたりまえ」と思いがちですが、あらためて考えると本当にありがたい存在なんですよね。太陽があるから暖かく快適に暮らせるし、電灯がなくてもものを見ることができる。病気を防げるし、草木も成長できる。私たちは太陽がないと生きていけないし、地球も滅びてしまいます。

太陽の光を浴びるのは、そんなありがたみを実感できる時間でもあります。人間って生かされているんですよね。息をしていることも、心臓が動いていることも生きていてこそ。そう考えると、「あー、ありがたいな！」という気持ちを強く感じることができます。私は、これをやっているうちに涙が溢れてくることもあります。

この方法は、気づいたときにぜひやってみてください。私は外出先でふと思い立ってやることもあります。

疲れも吹き飛ぶ気がします。また、**目には見えないけれど、確実に存在するものに意識を向ける練習にもなりますよ。**

Point 27

太陽のエネルギーを取り込もう。元気が出て、疲れも吹き飛ぶ。

金脈の見つけ方――28

朝起きたら、家の窓はすべて全開

私は朝起きたら、家じゅうの窓をすべて開けて回ります。家族に「寒い！」といわれても「大丈夫、大丈夫！」といって毎朝やり続けてきました。今ではすっかり家族も慣れているようです（笑）。

これを行なうことにはふたつの意味があります。

ひとつは、**夜の間に滞っていた流れを変えるため。空気を入れ替えると、気持ちが切り替わります。**気持ちがシャキッと引き締まり、やる気のス

イッチがオンになるのです。
もうひとつは、**自然の流れを感じることができる**、という意味もあります。頭の中が煮詰まったとき、外の空気を吸うと気持ちが整って、落ち着きますよね。それと同じようなイメージです。同時に、自分の体内リズムも整っていきます。

窓だけでなく、できれば玄関も一度全開にしましょう。ずっと開けておくのは防犯上気になるという場合には、玄関回りを掃除している少しの間だけ開けてみましょう。家の中の空気の入れ替えができるはずです。

雨の日などは、吹き込まない程度に一度開けて外の空気を感じてみてください。家の中の気とともに、自分の中に滞っている気も流れていくはずです。

Point 28

朝、窓を全開に！滞った空気が入れ替わり、気持ちも整う。

金脈の見つけ方――29

朝が決め手!「今日はいい一日だった」とイメージ

「一日の始まりが一日の終わりである。だから、終わりをイメージしながら一日をスタートさせましょう」と、ある神社の禰宜《ねぎ》さんに教えていただきました。**終わりをイメージして一日を始めると、イメージした通りの一日になる**という意味です。

朝起きたばっかりなのに、一日の終わりをイメージするなんて……と思うかもしれません。ですが、一日を振り返って「今日もいい一日だったな~」と喜んでいる自分の姿を頭の中に思い描いておくと、本当にその通りの結果が待っていることがとても多いのです。

私はワインが好きなので、仕事が終わってから夫と乾杯し、「ああ、今日もいい一日だったな。今日もワインがおいしい」とニコニコしながら飲んでいる自分の姿を毎朝思い浮かべています。

このとき、大事なことがひとつあります。

それは、**「五感をフルに使うこと」**です。なんとなくイメージするのではなく、リアルに起こったことを思い出すかのように思い描くのです。そのときのにおいや肌触り、味、自分の感情までしっかり頭の中に思い描きます。

たとえば、先の「一日の終わりに、ワインを飲んでいる様子」だったら、どんな季節で、どんな洋服を着ているか？　ワインは赤か白か？　どのような香りで、どのような味わいか？　どんな会話をして何を食べているか？　など、本当に楽しみながら飲んでいる様子を、想像か現実かわからないくらい鮮明に思い描きます。

私だったら、隣の席で夫が「今日、すごい大きな契約が取れたんだよ」とうれしそうに話していて、「おめでとう！　じゃあ、今日はお祝いね！」と乾杯する。カルパッチョを食べ、「おいしいね」と舌鼓をうちながら、「今日もいい一日だったな」としみじみ感じている姿がものすごくリアルに頭の中に浮かびます。

自分の好きなことをどんどん思い描いてみましょう。おいしいケーキをひと口食べて、「おいしい」と幸せな気分に浸る、天日に干してふかふかになった布団にくるまってぬくもりを感じながら、「今日もいい一日だったな」とうれしい気持ちで眠りにつく、お風呂にお気に入りの入浴剤を入れて、体がじわじわと温まっていくのを感じながら、「ああ、今日もよくがんばったな」と感じるなど……。思い描くだけでいい気分になってきませんか？

このようにして、今日の楽しい一日を、朝のうちに「事実」として頭の中で確定させます。なるべく具体的に、五感を使ってリアルなバーチャル体験をしてみてください。未来を事実化するのです。

すると、そのハッピーな一日の終わりは、確実に自分のものになりますよ。

Point 29

起きたら、今日のゴールを具体的に頭の中に思い描く。願望実現の第一歩。

コラム　朝晩は必ず敬語であいさつを

我が家では昔から、朝のあいさつは「おはよう」ではなく、姿勢を正して「おはようございます」、夜は、「おやすみ」ではなく、「おやすみなさい」と敬語であいさつします。ちょっと他人行儀に思えるかもしれませんが、家族の仲はいいですよ（笑）。ほかの会話は普通にくだけた感じですが、これだけは「けじめ」として続けています。

家族だとどうしてもなれ合いになりがちなので、「親しき仲にも礼儀あり」ということわざのように、そこだけはきちんとしておきたいというところもあります。

朝起きたらすべての窓を全開にする、という習慣にも通じるのですが、言葉を整えることによって、気の流れが変わるのかもしれません。朝眠いまま、なんとなく「おはよ～」といってしまうと、そのままダラーッとした空気が家じゅうに流れてしまう気がするのです。

シャキッとした空気に引き締めるためにも、「敬語」という言葉の力をぜひ利用しましょう。

金脈の見つけ方――30

一日の終わりには、お風呂の水を落とす

一日の汚れやモヤモヤは、その日のうちにキレイに流してしまいましょう。

私はできるだけよどみのない生活を送るようにしています。ゴミや汚れ、空気の滞り、水のにごりなどが「よどみ」です。これらは自分の心のホンネや直感の声を聞きづらくするからです。

よどみのない生活習慣のひとつが、**お風呂に入ったら、その日のうちに栓を抜いてお湯を落とし、浴槽をキレイに磨く**というもの。お風呂のお湯には外から持ち帰ってきたいろいろなものが流れ落ちていますから、できれば翌日まで持ち越したくありません。そのままにしておくと、よどみが家じゅうに循環する気がします。

その日のよどみはその日のうちにすべて流してリセットし、真っさらな状態で朝を迎える。すると、余計なものがないスッキリ感や心地よさを感じるはずです。

特に、大晦日の日は年をまたいで汚れを残さないように準備します。お風呂は早めに入り、年内のうちに必ず抜いて、お風呂場全体をキレイにします。洗濯物も置いておかずに、年内に洗濯機を回して、汚れ物がない状態に。ゴミ箱のゴミは全部1カ所に集めて、ゴミ袋にまとめしっかり縛っておきます。こうして、少しでもよどんだものがないようにして、新年をお迎えするのです。

自分の周囲に余計なものがない状態にしておくと、心のホンネや直感がダイレクトに入ってきますよ。

Point 30

今日の汚れは今日じゅうに落とす。目指せ！「よどみのない生活」。

金脈の見つけ方——31

寝る前は反省より「よかったこと」だけ思い返す

寝る前には、今日の「よかったこと」だけを思い返して眠りにつきましょう。

人は「今日はここがダメだった。できなかった。あんなことをしたからいけなかったんだ」とつい一日の反省をしがちです。

それだと気分が落ちるだけだし、翌朝の寝覚めも悪くなります。ダメな自分は振り返れば振り返るだけいくらでも出てきて、はっきりいってきりがありません。深掘りしすぎると病んでしまいます。

それよりも、「今日はこれもできた、あれもできた」「今日のあれはよかったよね」と、一日の中で起こったいいことを見つけて、いい気分で一日を終え、明日への活力にしたほうがいいと思いませんか？

この習慣が身につくと、いいことが起こる確率がぐんと上がります。というのも、いいことを考えれば考えるほど、現実にいいことが起こるようになるからです。

どんなに小さなことでもいいんです。

私は「今日はゆで卵の黄身が真ん中にいった！」とか「今日つくったオムレツ、すごくふわふわに仕上がった！」などと思い返しては「ああ、今日もいい一日だったな」とほんわかいい気分に浸っています。

「今日、特によかったことなどなかったな」という方は、朝から順を追って思い返してみてください。「今日は信号に1回も引っかからなかったな」「電車の乗り換えがスムーズにいった」「お土産でおいしいお菓子をいただいた」「特売で洗剤がいつもより安く買えた」など、意識して探せば、必ずひとつやふたつ見つかるはずです。

この習慣が身につくうちに、「ない」ではなく「ある」を見られるようになっていきます。

「ある」の世界に入れると、意識が大きく変わって、その先の人生がぐんぐん加速度をつけて好転していきますよ。

Point 31

寝る前に「よかったこと」探しをするだけで、人生が好転する。

金脈の見つけ方――32

モヤモヤ、イライラ……すべて「満月」に向けて吐き出す

心にたまったモヤモヤやイライラ。いいたくてもなかなか口に出せないし、吐き出す機会がないですよね。かといって、その思いを自分の中にためておくと、心にひずみが生じ、積もり積もると最後には爆発することもあるでしょう。

そういう思いはぜひ満月に向かって吐き出しましょう。

「言葉は現実になる（言霊《ことだま》）。だから、悪いことは口に出していってはいけない」と、ネガティブなことを口にするのはよくないとされがちです。ですが、ネガティブな感情は止めようとしても自然とわき上がってくるもの。仕方のないことです。消そうとしても消せるものではないし、なかったことにはできません。

「ある物事をイヤだ」と感じた自分もしっかりと受け止めてあげましょう。そして、満月に話や愚痴を聞いてもらうのです。

偶然なのか、満月の頃になると感情を解放したくなることが多くなります。私はイヤなことがあると散歩に出かけ、歩きながら満月に向かってぶつぶついっています。周りの人にあやしまれないよう、声の大きさには注意していますが(笑)。

それだけでスッキリ。帰る頃にはすっかり気持ちも落ち着いて、すがすがしい気分にすらなっています。

ここで、大切なことがひとつあります。

それは思いをいいっぱなしにせず、そのような感情を抱いた自分の気持ちをしっかりと受け止めるひと言を最後に添えることです。

たとえば、「本当はこういいたかったんだよね。うんうん、わかるよ。大変だったね」と自分で自分をなぐさめる言葉を掛けてあげてほしいのです。

太陽には生命パワーがあり、満月は感情に作用する力があります。

それをおおいに利用して、心をスッキリさせてくださいね。

Point 32

モヤモヤは満月に吐き出す。
ネガティブな感情は自然の力を借りて手放そう。

金脈の見つけ方――33

物事に行き詰まったら「水回り」をキレイに

私は、何か物事が滞ったり、トラブルが起こったりしたときには、**「水回り」を重点的にキレイにする**ようにしています。

まずトイレ、続いて洗面所、お風呂場、キッチンのシンクの順に徹底的に磨き上げるのです。それでも状況が好転しなければ、それぞれの排水溝をさらに丁寧に磨きます。たいていのことはこれで好転し始めますが、それでも状況が変わらない場合には、外の排水溝を掃除します。

排水溝のフタを開けて、ドブをさらい、内側にべったりとこびりついた水あかや汚れをキレイに落としたら、さすがに物事が動き出しました（笑）。

うちの家族は、家がピカピカになっているのを見ると、「何かトラブルがあったな」と感じるようです（笑）。

掃除中は、汚れを取ることに意識が集中するので、不安な気持ちも忘れます。

場を整えるのは、水回りに限らず、どんな場所でもいいと私は思います。無心に行うことで、意識を切り替えるのもひとつの目的です。

たとえば、庭の落ち葉を掃くとか、デスク回りを片づける、床の雑巾がけをするなど、自分のやりたいところをまずキレイにしましょう。音楽を聴くのではなく演奏するなど、インプットよりアウトプットする行為のほうがストレス解消には効果的といわれますが、お掃除もまさにアウトプット。気持ちも晴れますよ。

Point 33

物事が滞ったら、即掃除。キレイになる頃には物事が動き出す。

第5章

お賽銭、思いきって「お札」を入れてみる

金脈の見つけ方——34

月初めは地元の神社に「お礼と宣言」を

毎月1日には、神社にお参りに行きましょう。そこで、先月分の感謝と今月の目標を宣言します。

「先月も元気に働けました。それぞれが役目を果たすことができました。ありがとうございました。今月はこのようなことをしてがんばりたいと思います」と伝えるのです。

ここで大事なのは、お参りの際に「お願い事はしない」ということです。「売上が伸びますように」「大きな契約が取れますように」などとは一切いいません。

先月、自分や家族が無事に過ごすことができたことや、それぞれが家や仕事、学校でがんばることができたことへの感謝や報告を伝えるのです。そして、今月はどのようなことを目指していくのか、がんばっていくのかについて宣言をします。神様の前であらためて自分を振り返り、自分を見つめ、自分に問い直すのが大きな目的です。

地元の氏神《うじがみ》様がわからなければ、近所にある訪れると気持ちがいい神社でいいですよ。月初めは大事な切り替えの日です。

Point 34

毎月1日は、神社で感謝、報告、宣言を。

金脈の見つけ方——35

忘れずに！会社近くの氏神様にもお参りを

家と会社・学校では場所が異なるので、氏神様も違います。そこで、**それぞれの神様に感謝をお伝えしましょう。**家の近くの神様には家で元気に過ごせていることのお礼を、会社近くの神様には働かせていただいていること、学校近くの神様には学ばせていただいていることへのお礼を伝えるのです。

今、その場所にいるのは、そこに何かしらご縁があるから。そこにいるからこそお金がもらえて、自分を活かすことができているのです。その感謝の気持ちをきちんとお伝えしましょう。会社の近くの神社を探してみると、意外な場所にあったりしますよ。

私は毎月1日に会社近くの神社と会社の資材置き場近くの神社、そして自宅の氏神様の3カ所にお参りしています。資材置き場のほうでは従業員全員で一緒に参拝します。

もし、会社を辞めたり転職したりする場合には、これまでのお礼にお参りし、転職先でもご挨拶を忘れずに。

商売させてもらっている、仕事をさせてもらっている、学業にかかわらせてもらっているという気持ちを込めてお参りするといいですね。

ぜひ、会社の近くの神社も探して訪れてみてください。何かが変わってくるのがわかるはずですよ。

Point 35

会社・学校近くの神様にも、こまめにお礼を伝える。

金脈の見つけ方――36

お賽銭箱に一万円札を入れてみる

お賽銭は毎回いくら入れていますか？　5円？　10円？　ちょっと奮発して100円でしょうか。

以前は、私も100円ほど入れていました。「一万円札をお賽銭箱に入れるといい」という話を聞いたときには、「何で1万円なんて入れなきゃいけないの？」と思ったものです。だって、1万円あったら、ちょっと奮発しておいしいステーキを食べられるし、特上ウナギだって口にすることができますからね。

とはいうものの、「いい」といわれると試してみたくなるのが私のクセ。「もし1万円入れたら……。何かが変わるのかしら？」と、興味本位で1回限りの実験のようなつもりでやってみることにしたのです。

それまでお札をお賽銭箱に入れたことなどなかったので、最初はもうドキドキしっぱなしでした。悪いことをしているわけでもないのに、なぜだか怖くて怖くて。お札を手から離すことができませんでした。ですが、「えいや!」と清水の舞台から飛び降りるようなつもりで、覚悟を決めてお賽銭箱にお札を入れました。

そうしたら……。そこから数日のうちに、これがもう、びっくりするくらい変わったのです!

人は覚悟を決めたとき、人生が動き出すようです。

まず、自分自身に次々と変化が起こりました。

「1万円なんかお賽銭に入れられるわけがない!」と思っていたのに、入れることができた。「できるわけがない」と思っていたことをやったら、自分の中に自信のようなものが生まれたのです。「自分は何でもできるのかもしれない」と思えるようになりました。

また、「自分で稼いだのだから、自分のために使って当然。なぜ誰かのために使わなければいけないの？」と思ってきた気持ちに変化が起こりました。「私が働いて稼いだお金」「夫が稼いできたお金」と、お金に〝ラベリング〟する気持ちがなくなり、そこから一歩進んで「お金はもっと大きなところで循環している。だから、今、ここでお金を出してもきっとどこかからお金は戻ってくるはず」と考えられるようになったのです。

それから、これまではお金の行先を自分でコントロールしようとしていたことにも気づきました。「1万円あったらウナギが食べたい」とか「ステーキにしよう」など、自分の目に見える範囲で動かしたいという気持ちが強くあったのです。ですが、この習慣を始めてからは、自分の範囲の外にあるお金も認められるようになりました。**「目には見えないけれど、このお金で必ず喜んでくれている人がいるはずだ」という気持ちになって、一緒に喜びを味わえるようになったのです。**

これまで「費用対効果」とか、少しでも自分が得することばかり考えてきたのが、一歩枠が広がって、お金の大きな流れを感じることができるようになりました。1万円入れて必ずしも同じ額のご利益《りやく》が返ってくるとは限らないけれど、いつかきっと何かの形でいいことがあるだろう。それよりも私の入れたお金がどこかで誰かの役に立ってくれたらそれでいい、という考えに変わってきたのです。

さらに、これまであたりまえだと思っていたことのありがたみも再認識することができるようになりました。家族みんなが元気に過ごせて、働けるってすごいこと。子どもたちも楽しく学校に通って、自分たちの役目を果たしている。その効果は1万円では足りなくない？　もしかすると10万円くらいの価値があるかもしれないと、感謝の気持ちしかわかなくなりました。すごい意識の変化です。

すると……お金もしっかり循環し始めました。

私の仕事がうまくいき始めました。

さらには、夫の収入まで増えました。これには夫自身もびっくりでした。

最初、夫は非常に懐疑的で「なんでお賽銭に1万円も入れなあかんの？」と全力で抵抗していました。ですが、私がこの習慣を始めてからどんどん変わり続けていくのを間近で見ているうちに、「自分もちょっとやってみようかな」という気になったようです。実際にやってみたら、自分でも「稼げるようになってきた」と実感するようになったといいます。

今では、自ら進んで1万円をお賽銭箱に入れています。

とはいっても、いきなりお賽銭箱に1万円入れるのは、少しハードルが高いかもしれませんね。まずは、普段より少し大きな金額から始めてみましょう。

たとえば、これまで5円とか10円、１００円をお賽銭として入れていたなら、一度五百円玉を入れてみましょう。そして、「何が起こるかな？」とゲーム感覚でワクワクしながら待ってみてください。

感覚をきちんと研ぎ澄ましていてくださいね。目の前にいいことの波が来たときにしっかり気づけるよう、準備して待っていましょう。

ここで気をつけてほしいのは、高いお金を入れたからいいことが起こるわけではないということです。**高いお金を入れることで自分の意識が変わるから、結果的にいいことを引き寄せることができるのです。**

少し変化が感じられるようになったら、金額を増やしていき、千円札、五千円札の順に試してみてください。

自分の内から外から変化が起こってくるのをじわじわと実感できるはずです。

Point 36

普段より高い金額をお賽銭箱に入れる。意識が変わり、人生が変わり始める。

金脈の見つけ方――37

お賽銭は音を立てず、丁寧にそうっと

よくお賽銭箱にお金をバン！　と投げつけている人を見かけますが、目にするたびに「なんだかお金がかわいそうだな」と感じてしまいます。お金を投げつけられても神様はきっとうれしくないですよね。それに、お金を大切に扱っていないという行為でもあります。

お賽銭は「自らの真心の表現としてお供えすること」なので、箱に入れる際には丁寧な動作を心がけたいものです。

天ぷらを揚げるとき、具材は鍋肌からスーッとなめらかに入れますよね。もし勢いよく鍋に投げ入れたら、揚げ油が飛び散って大変なことになるでしょう。それと同じようなイメージです。

お金は投げずにそうっと。

お金の気持ち、それからお金を贈られる相手の気持ちになって考えてみましょう。丁寧に置かれるのと、バン！　と投げつけられるのと、あなたならどちらがうれしいですか？

お賽銭に限らず、コンビニやスーパーなどのレジでも同じです。

時々「ありがとう」といいながら、お金を投げつけて出している人を見かけます。口では感謝の気持ちを述べているの

に、行動は感謝のそれではないですよね。いっていることとやっていることが違っていたら、とても感謝は伝わりません。

お金は丁寧に、大事に扱いましょう。それはお賽銭を入れる場合も同じです。

Point 37

お賽銭を入れるときは感謝を伝えて、そうっと丁寧に。

金脈の見つけ方――38

神社に行ったら木に手をあてて声を聞いてみよう

神社に植えられている木は、ある意味特別です。よーく耳を澄ましてみると、それらの木が何か訴えていることもあります。**ぜひ、神社の木が発するメッセージを受け取ってみましょう。**

神社の境内にある木、できればご神木がいいですがどれだかわからない場合には、風が吹く方向に立っている木、なんとなく目立つ、目につく木を選びましょう。最近は、木が傷むのを避けるため直接木に触れられない場合もあります。そのようなときには、木に手をかざすだけでも大丈夫です。

木に手をあてる、もしくは手をかざしたら、全神経を集中させながら、まずは心の中で挨拶をします。

そして、次に何か聞いてみたいこと、悩んでいることなどを思い浮かべながら「メッセージをください」とお願いしてみましょう。

ふと頭の中に言葉が浮かんだり、聞こえたりします。

「私は霊感が全然ないから、聞こえるはずなどない……」と思っている方も、ぜひ一度試してみてください。

先日、数人で東京・日枝《ひえ》神社にお参りする機会がありました。「私は絶対に木

の声を聞くことなど無理だと思います」という方も何人かいたのですが、「まずはやってみましょう」といって試してもらいました。すると、全員が「私にも聞こえました！」「『そのままで大丈夫だよ』といわれました」とびっくりしていました。
誰でも聞こうとして耳を傾けてみると聞こえてくるものなのです。

神社の木が意外な答えを持っていることもあります。ぜひ、アドバイスを受けてみましょう。

Point 38

神社の木は人生のアドバイザー。
悩みを打ち明けるとメッセージをいただける。

金脈の見つけ方――39

神社にお参りする習慣をつけてみる

神社の木だけでなく、神社の空間自体があなたのよきアドバイザーになってくれることもあります。

「これでいいんだろうか？」「AとB、どちらを選んだらいいのだろう？」と悩んだとき、答えを示してくれることもあるのです。

先日、東京へ出張に行った際、少し時間があったので明治神宮に参拝することにしました。鳥居をくぐる前に、「せっかく神社に来たのだから、私の今の状況を一緒に考えてもらおう」と思ったのです。

長い参道を歩きながら、ふと「これからはこんな感じにすればいいかな」と自分の頭の中に未来のビジョンが見えてきました。それと同時に、左側の木の葉だけが突然風に吹かれたようにザワザワと動き出し、すぐにピタッと止まりました。すると今度は、右側の木の葉が同じようにザワザワと動いてすぐに止まり、ふたたび左側の木の葉が風に吹かれたように動き出したのです。まるで、両側の木が会話しているようでした。

奈良の三輪山《みわやま》へご登拝に行った際には、こんなこともありました。山登りがなかなかきつくてしんどくて、一緒に歩く人たちに「私はここで待っているから、先に行って」といおうとしたときです。突然、誰かが後ろから押してくれているような感覚になって、足がすごく軽く上がるようになったのです。思わず後ろを振り返ると、ものすごい数の鳥が至近距離で群れをなしていました。今まで見たことのない光景でした。おそらく、この鳥たちが手伝ってくれたのでしょう。

このほか、よく通る場所なのにこれまでまったく気づいていなかったものが、突然目に飛び込んでくる場合もあります。先日は、よく訪れる神社の狛犬の口が突然ハートに見えてびっくりしました。「大丈夫だよ（ハート）」というサインだったのかもしれません。

このように、何か聞きたいことがあるとき、神社内で何かいつもと違うアクションが起こることがあります。それはたいてい、「OKだよ」「それでいいんだよ」というサインです。逆に、なんとなく違和感を覚えたり、変な雰囲気を感じたときは「もう一度考えたほうがいいよ」というサインかもしれません。

神社を訪れる際には、ぜひ自分が普段から気にしていることをあらためて問い直してみましょう。OKサインを見つけると、なんだか神様から背中を押してもらっている気がして、勇気がもらえますよ。

Point 39

迷ったときは、神社に聞こう。
神社の空間全体が答えを示してくれる。

コラム 自分のエネルギー状態を測ってみよう

「神社には一般の場所と異なるエネルギーがある」という話をしましたが、そのパワーを使って、自分自身のエネルギー状態を測ることができます。

神社でよく見られるのが、本殿を中心に広場のような敷地があり、そこを取り囲むように本殿に向かって 360 度ぐるりと木が生えているという構造です。

エネルギー状態を測るには、次のようにします。

広場の中央で本殿の真向かいになるようまっすぐ立ち、どのように立っているかをほかの人にチェックしてもらいましょう。

まっすぐ立っているつもりでも、その人のエネルギー状態によって、前のめりになったり、後ろに引っ張られたりするのです。


後ろに引っ張られている人はエネルギーが「過去」に向けられています。つまり、過去にとらわれている状態です。「SNS に自分の悪口が書かれているのを見つけてしまって……」「母親との関係がよくなくて悩んでいるのです」など、すでに起こったことに対して何か思うところがある場合が多いです。

前のめりになっている人は、「未来」にエネルギーが向けられています。「早くあの仕事を終わらせなければ」「将来のお金が心配……」など、未来のことばかり考えて、焦っている状態です。

このように、自分が今、何にとらわれているか、「現在地」を確認することで、「では、どうすればいいか？」など、次にやるべきことがわかりやすくなります。

金脈の見つけ方――40

神社では「つくられた時代」に思いを馳せてみる

神社を訪れたときには、神社がつくられた当時のことに思いを馳《は》せることにしています。「本殿に使われている木は何年前のものなのだろう?」「この建物を完成させるために、どのくらいの年月がかかったのだろう?」「何人くらいの人がかかわったのかな?」「屋根の勾配はどのように測るのだろう?」「当時の景色はどんなだったのだろう?」と、あれこれ想像してみるのです。

すると、神社が建てられた時代にタイムスリップしたかのような感覚に陥ります。**今ではない時空に意識を飛ばすことで、日々の雑念が払われ、心がとても落ち着きます。そして思考もクリアになっていくのです。**その感覚は少し瞑想に似ているかもしれません。

以前、武将の母親が子のために建立したという神社を訪れた際には、その母親の気持ちを考えるうちに、自然と涙が溢れてきました。

人は何も考えていないように見えるときでも、「今日の上司の機嫌はどうかな？」「ああ、今日の晩ごはんは何にしよう」など、脳内であれこれと勝手に考えをめぐらせがちです。

ですが、意識を別の時代に向けることで、それらが一掃されてクリアになるのです。**余計なことを考えないことで、心のホンネも聞き取りやすくなります。**

Point 40

神社が建てられた時代に思いを馳せると、雑念が払われ、思考がクリアになる。

金脈の見つけ方——41

自分だけの神社を見つけてみよう

いわゆる「パワースポット」といわれる神社すべてが自分に合うわけではありません。**人間関係に相性があるのと同じように、神社にも相性があります。**

自分と相性のいい神社は、訪れると清々しい気持ちになり、「受け入れてくれているな」とホッとできる心地よさを感じます。体や足が軽やかに動く場合もあるでしょう。そのような神社は、「あなたにとってのパワースポット」です。

逆に、訪れても何も感じない神社もあります。気分が上がらない場合もあるでしょう。このような場合、その神社との相性はそれほどよくないのかもしれません。

相性のいい神社はどのように見つければいいでしょう？

相性のいい神社は、自分の五感を正確に作動させてくれる場所だと私は考えています。有名かどうかよりも、行ってみて自分の気持ちが乗るか乗らないかが重要です。

私は以前、宮崎県の高千穂を訪れたときに、現地に着いた瞬間、いきなり涙腺が決壊。涙が止まらなくなりました。涙だけでなく鼻水もドバドバ、トイレがものすごく近くなったのです。体中の水分が流れ出したような状態でした。デトックスですね。高千穂神社に行ったことによって、私本来の機能や感覚が呼び覚まされたようでした。

神社を訪れる際には、漫然とお参りするのではなく、自分に合っているかどうか？　を探るためにぜひ、体の内側のセンサーを働かせてみてください。心地よいと感じるかどうか。そのほか、体が軽くなる、体に圧を感じる、背筋がピン！　と伸びる気がする、涙や鼻水が止まらない、トイレが近くなる、手のひらにピリピリとした軽い刺激を感じる、空気がピーンと張っているのを感じる、体の中の細胞が喜んでいる気がする、木や風などの自然が話しかけてくるように感じるなどもあります。

慣れるまでは自分ひとりで訪れたほうがいいでしょう。誰かと行くと相手に合わせてしまい、集中することがなかなか難しいからです。

気持ちよく迎えてくれている気がする神社、心地よいと感じる神社は、あなたにとってのパワースポット。きっとあなたの感覚を呼び覚まし、いい影響を与えてくれるはずです。

Point 41

体のセンサーを働かせると、あなたに合ったパワースポットが見つかる。

第6章

金脈を活性化させる日々の小さな習慣

ほんの少し、日々の生活に変化を与えてみる

金脈の見つけ方――42

何があっても、月初め（1日）にはケンカをしない

「初めが肝心」という言葉がありますが、月の初め（1日）はとっても大事な日です。

この日は特に穏やかに過ごしましょう。ケンカやいい争い、トラブルは極力避けること。ケンカしたくなっても、翌日まで我慢です。月初めにいいスタートが切れると、その月は心地よく過ごすことができます。


子どもにも、「今日は1日なんだから怒らないでよ」といわれると、「今のは怒ってないよ。ちょっと強くいっただけだからね」といい返しています。家族みんなで、月初めはとにかく穏やかに過ごすことを心がけています。

実際、1日に家族とケンカをした月は、なんだかよくないことが立て続けに起こ

る気がします。なぜか会社の売上がどんどん下がったり、大事にしていたものが突然壊れたり、ケガをしたり……。事故を起こしたこともありました。ですから、特に1日は注意しています。

ケンカしたくなっても「2日まで我慢！」と自分にいい聞かせています。たいていの場合、翌日になったら怒っていたことすら忘れているんですけどね（笑）。

月初めは、いつも以上に「穏やかに過ごそう」と心に決めてみましょう。1日に限らず、週の初めの月曜日にも意識してみてもいいかもしれません。

よいスタートを切ることで、よい1カ月、よい1週間が過ごせることは間違いありません。

Point 42

よいスタートを切るために、
毎月1日、毎週月曜日はケンカをしない。

金脈の見つけ方――43

1日と15日は玄関を「塩拭き」

1日と15日、この2日は特別な日です。
玄関を「塩水」で拭いてお清めしましょう。

玄関は、「気」が入ってくる大事な場所です。いい気を取り入れ、悪い気をおさえる役割も果たしてくれています。たまった悪い気を取り除くためにも、月初めと中頃に塩拭きするのです。

やり方はいたって簡単です。
バケツに入れた水に、大さじ1杯程度の塩を加えて混ぜます。それを雑巾に浸してかたく絞ったら、あとはいつもと同じように床を拭いていきましょう。

実際にやってみると、拭いたところがものすごくすっきりして、玄関が広く感じられます。それだけでなく、自分自身も清々しい気持ちになり、頭の中がシャキッと引き締まります。

また、ひらめきも増して心のホンネが聞こえやすくなります。仕事などもはかどりますよ。

リセットしたいときや、頭の中がモヤモヤしているときなどにもおすすめです。

Point 43

毎月1日と15日は、玄関を塩拭きして清める。

金脈の見つけ方——44

すべての原点！毎日のトイレ掃除

「素手でトイレを掃除するのがいい」というのはよくいわれていることですが、まさに私の原点でもあります。まだやっていない人は、今すぐやってほしいです。

私も最初はたいして信じていませんでした。あるとき「素手でトイレを掃除したらお金が入る」という話を耳にしたのですが、「ふーん。よく聞く話よね」と流していました。

ところがその日の夕方、ある雑誌を見ていたら、会社の倒産の危機を救ったという若社長さんが、会社を立て直す方法として素手でトイレ掃除をしたという記事が載っていたのです。一日に2回も立て続けにトイレ掃除の情報に触れるなんて……。「これは何かのサインかもしれない」と感じ、私もやってみたいという気持ちに火がつきました。そうして、半信半疑ながらトイレ掃除を試してみることにしたのです。

ところが……、私は素手でトイレを掃除することができませんでした。トイレの床は拭けても、便器の奥、水の中にまで手を突っ込むことができなかったのです。

「素手でトイレを掃除して、もし菌が手に残っていたら……。私がつくった料理で家族が食中毒になったらどうしよう」という心配で頭の中がいっぱいになりました。食中毒になった子どもを病院に連れて行って、医師に「トイレを素手で掃除して食中毒を起こすなんてダメな母親ですね」といわれるのではないか、と怖かったのです。

だから、もし家族が食中毒になったとしても、絶対に「トイレ掃除をしました」とはいわずに黙っておこうと決心しました。今思い返すと笑い話のようですが、当時は本気で大真面目に悩んだのです。

そんな覚悟を決めて始めたトイレ掃除ですが、誰も食中毒にはなりませんでした。むしろ、みんな元気が増しているようですらありました。「思い込みや不安は100%自分がつくり上げているんだな」と、このとき気づきました。自分の心の中のブロックがはずれた瞬間でした。別に素手でトイレ掃除をしたからといって、食中毒を起こすわけではないし、ましてや先生から「ダメな母親ですね」といわれることもない。自分で勝手に思い込んで、勝手に不安になっていただけなのです。

そこから、これまで自分の中で「ダメだ」「できない」と思っていたことも、もしかしたら思い込みに過ぎないのかもしれないと思うようになったのです。そして、やりたいけれどできないとあきらめてきたことにも、思いきってチャレンジしていくようになりました。その結果、借金も返せて、自分の金脈を見つけて、自由な生活を送れるようになったのです。

つまり、**金脈を見つける習慣の起点となったのが、この「トイレ掃除」だというわけです。**

私がやっている掃除の方法をご紹介しますね。

まずハンドタオルくらいの大きさの小さめのタオルを四つ折りにして持ちます。私は麻のタオルを使っていますが、汚れがよく落ちるのでおすすめです。

洗剤は使用しません。そのままでも十分落ちます。

特にキレイにしたいのは、便器の奥の水がたまった部分とふちの部分です。便器の奥の水がたまった部分とその裏側は、水あかなどでけっこう汚れています。水の中に思いきって手を突っ込み、できるだけ奥のほうまでこすり洗いしましょう。ふちは特に溝の部分に汚れがこ

びりついていることが多いので、よく見てこすってみましょう。
市販の使い捨てトイレ用お掃除シートは、床や便器の外側を拭くのにはいいですが、水に溶けるので便器の奥、水がたまった部分を拭いている途中でなくなってしまうかもしれません。

トイレ掃除は今でも自分との対話の時間を取れる場として大事にしています。壁にぶちあたって悩んだり、モヤモヤしたりしたときにトイレ掃除をすると、頭の中が整理され、思わぬことに気づかされます。

さらに、トイレがキレイになるにつれて、心の声がダイレクトに響いてきます。
そういう意味でも、私にとってトイレ掃除はとても重要な習慣です。

Point 44

トイレ掃除は素手で行なう。これぞ、金脈を見つける原点！

金脈の見つけ方――45

家の西側にはものを置かない

家の西側には、余計なものを置かないようにしましょう。西の方角は「収穫」の場所だからです。稲を植えるべき田んぼに別のものが植えられていたら収穫できませんよね。家の中も同じです。

余計なもので家が埋まっていたら、本当に欲しいものを置くスペースがなくなってしまいます。

実は、かつて私の家の西側はまるで物置のように、ものが山積みになっていました。掃除は好きでしたが、ものは捨てられなかったのです。「いつか使えるかも」

「まだ使えるかも」「思い出の品だから」と、子どもが小さい頃の洋服や子どもがつくった工作、「いつか孫が生まれたら使えるかも?」と布おむつまで取ってありました。子どもには「いったい何十年置いておくの?」と叱られました(笑)。

「西側にものを置いてはいけない」という話を聞いて、「このままではいけない!」とこれらを思いきって処分したら、なんと一部屋分空いたのです。いったい、どれだけため込んでいたのでしょうね。

すると……その後、大きな契約が舞い

込んできたのです！
ウソのような本当の話です。
それ以来、家の中でも特に西側にはものを置かず、キレイに保つよう心がけています。
風水でも、「西側は金運アップにいい」といわれます。**片づけるなら、西側から。**
思わぬ効果があらわれるはずですよ。

Point 45

家の西側を徹底的に片づける。金運アップの効果絶大！

金脈の見つけ方――46

「憧れの人」になりきって買い物してみる

突然ですが、憧れの人はいますか？　アーティスト、俳優さん、著名人、身近な人など、誰でもいいです。一度、その人になったつもりで買い物に出かけてみましょう。**それだけで自分の持つ波動が大きく変わります。**

借金を抱えていたとき、私はできるだけ気配を消して、「どうか誰にも会いませんように」と息をひそめるように生活していました。スーパーに買い物に行くのも、ひっそりこっそり。だから、誰かに声をかけられることもありませんでした。

あるとき、気配を消して過ごしている自分が嫌になり、「もし、別人になれたらどんな気持ちだろう。そうだ！　別人になってみよう」と思い立ったのです。自分以外になれるならステキな女優さんである松嶋菜々子さんになりたいと思いました。そして、自分が松嶋菜々子さんになったつもりで買い物に出かけたのです。

「松嶋菜々子さんならどのようにスーパーに入るかな」「どうやって商品を選んでかごに入れるかな？」と想像しながら、彼女になりきってふるまってみたのです。

すると、おもしろいことが起こりました。

私が通ると、店員さんが何人も振り返って「いらっしゃいませ」といってくれたのです。

今までは誰からも声をかけられることはなかったのに、松嶋菜々子さんをイメージして彼女になりきって行動しただけで、いきなりあいさつされるようになるなんて。女優さんのオーラが移ったわけではありませんが、自分自身の意識やものの見方が変わったことによって、立居振舞いが変化したからではないでしょうか。

「松嶋菜々子さんならきっと猫背で歩かないはず」「時間がないからといって、キャベツをかごに放り込むようなことはきっとしない」「背筋を伸ばして堂々と優雅に歩きながら、ゆったりと丁寧に欲しいものを選ぶのではないかしら」。女優さん目線で考えて、そのようにふるまうと、いつもと違うオーラに変わるのでしょう。

憧れの人そのものにはなれないけれど、憧れの人に「なりきる」ことはできます。その人になったつもりで行動してみると、現実もそれに近づいていきます。その人がやりそうな立居振舞いを想像し、その通りに演じてみましょう。それを続けるうちに、やがて「自分のもの」になっていきます。

英語のことわざに〝Fake it till you make it.〟があります。

「実現するまで、そのフリをしろ」。最初はフリでも、それを続けるうちに、最後は「ホンモノ」になって実現するというわけです。

Point 46

憧れの人になりきって日常を過ごすと、
やがて自分が憧れの人になる。

金脈の見つけ方――47

買うとき、「どれが合う?」と自分に問いかける

スーパーなどで野菜や果物、肉や、魚などの生鮮食品を買う際、私がいつもやっていることがあります。

生鮮食品の前で「どれが私の体にいい?」と心の中でたずねながら選ぶことです。

たとえば、トマトを買うときには、並んだトマトを眺めながら「どのトマトが私の体にいいかしら?」と聞いてみます。よく見回してみると、多くのトマトの中でひときわ光っていたり、なぜか目についたり、ほかより目立って見えるトマトがあります。しゃべることはないけれど、「これだよ!」と教えてくれているのでしょう。それが、あなたの体にいいトマト、相性のいいトマトです。

人間の相性と同じかもしれませんね。誰かと会った瞬間、「なんとなくこの人とは気が合いそうだな」「話してみたいな」と感じることがありますよね。これは自分の中のセンサーが相手と同じ波長をキャッチしたからです。

人は似たような波長の人に惹かれる性質があるのです。それと同じセンサーを使って、自分と相性のいい野菜や果物、魚、肉を選んでみましょう。自分のセンサーの感度を上げる練習にもなりますね。

家族やパートナーに合うものを見つけたいときには、その家族の顔を思い浮かべながら、「子どもに合うバナナはどれ？」「パパに合うキャベツはどれ？」と心の中で聞いてみましょう。

これと似ていますが、自分の体に「今日は何が食べたい？」と聞いてから食べるものを決めるという方法があります。もしかしたら無意識のうちにやっていることかもしれません。「なぜかわからないけれど、今ものすごくこれが食べたい！」と感じることってありますよね。体がその食べものを欲しているのでしょう。ぜひその気持ちに素直に従ってみましょう。私は、きゅうりやメロンばかり食べる日があれば、酢の物ばかり食べる日もあります。
特に体調が悪いときにやると、体が楽になることが多いです。

これらができるようになると、さらに応用が利くようになります。
たとえば、何か大事なことを始める日を決める際、カレンダーを見ていると、「それを始めるのにいい日取り」の文字だけ浮かび上がってきたり、二重に見えたりすることもあります。

Point 47

買い物のとき「どれがいい？」と制限のない自分に聞いて、相性のいいものを選ぶ。

「周りの人がなんていうか」とか「金額が高いから」という外側の状況を考えることなく、制限のない素の自分に、楽しみながら聞いてみることが大切です。

金脈の見つけ方──48

月に一度は部屋の大掃除、模様替えを

頭の中が混乱して、考えがまとまらないようなときには、思いきって部屋の模様替えをするのもいいでしょう。頭の整理と大掃除や模様替え。一見まったく異なることのように見えますが、これがリンクしているのです。

部屋が散らかっているときは、頭の中も整理されていません。部屋がスッキリと整理整頓されているときは、思考も整っていてクリアです。

つまり、**脳内の「写し」が現実だというわけです。なので、頭の中をスッキリさせたいときには写し鏡である部屋を片づけるのが一番の近道です。**

部屋の模様替えをおすすめする理由は、脳内のリセットとリニューアルが目的です。視界から入ってくる情報が見慣れたものだと思考もマンネリ化してしまいます。長時間閉めきった部屋の空気はよどんできますよね。それと同じように、ずっと同じ風景を見続けていると気持ちもよどんできます。それを防ぐために、部屋の模様替えをして脳内もリフレッシュさせるというわけです。

私は部屋の模様替えを1カ月ごとにやっています。とはいっても、やれるスペースは限られているので、よくやるのはリビング。ほかにはダイニングや寝室の模様替えをすることもあります。

動かせる家具はいったんすべて移動させ、机やイスなどの位置を変えます。それと同時に、なんとなく置きっぱなしにしていたものを片づけたり、机の上を拭いたり、家具の陰に隠れていたほこりを掃いたりします。

それだけでもずいぶん部屋が明るくなります。**部屋の雰囲気が変わると、気分も一新。頭の中も本当にスッキリします。**

また、部屋の中のものは、こまめに手放すようにしています。ものが多くごちゃごちゃした部屋にいると、それだけで脳のリソース（容量）を取られるからです。不要なものを見ているだけでも認知するのにもエネルギーを使うので、知らず知らずのうちに疲れてしまうのです。また、「あれが欲しい」と思ったときに、必要なものが見つからなくて探すことも多くなりますから、時間も手間もかかります。

考えがまとまらないな、どうしていいかわからないなというときは、ぜひ模様替えや大掃除をしましょう。部屋がキレイに生まれ変わる頃には頭の中もきちんと整理されているはずですよ。

Point 48

部屋の模様替えと大掃除は、頭の整理とリンクする。

コラム 床磨きはひらめきタイム

答えやひらめきが欲しいとき、私は何かを磨くことにしています。

トイレ掃除もそうですし、玄関や排水溝を磨くこともあります。

中でも効果的なのが「床磨き」です。屈みながら雑巾で床を拭いていると、高い確率でメッセージが降りてくるのです。

頭を低くして地面に近づけることで、大地との距離が縮まり、大地の声が聞こえやすくなるのかもしれません。


もうひとつ、床磨きがひらめきにいいのは、「原点回帰」できるからかもしれないと私は思っています。

赤ちゃんのときは、寝返りが打てるようになり、次に四つんばいになってハイハイができるようになりますよね。それからつかまり立ちをして、やがて歩けるようになります。「四つんばい」という姿勢は、大人になる前の人間の「原点」ともいえるのではないでしょうか。


床を拭く際に四つんばいになることで、子どもの頃のピュアな気持ちがよみがえり、地球や大地とつながりやすくなるのかもしれません。

なので、モップやお掃除ワイパーのように立ったままでお掃除できるものではなく、あえて原始的な手と足を地面につけて行なう雑巾がけがおすすめです。

無心に、床がキレイになることだけを考えながらやっていきましょう。

自然と心の中にたまったモヤモヤした気持ちが晴れ、頭の中の思考も次第に整理されていきますよ。

金脈の見つけ方――49

伝えよう！「食べてくれてありがとう」

ごはんを食べるとき、「いただきます」をいう人は多いと思います。

私は誰かがごはんを「おいしい」といってくれたら、「おいしく食べてくれてありがとう」と答えることにしています。

みんなで食卓を囲めるのは、今日もみんなが元気で家に帰ってきてくれたから。だから、まず元気に帰ってきてくれたことに「ありがとう」です。さらに、ごはんをおいしく食べられるのは健康な証拠。健康でいられることに「ありがとう」です。

「みんなでおいしくごはんを食べられるのってありがたいことなんだ」と気づい

て、その感謝の気持ちを口に出して伝えるようになったら、家族も変わってきました。自分から「ごはん、おいしいね」「つくってくれてありがとう」といってくれるようになったのです。

「食べてくれてありがとう」「つくってくれてありがとう」。喜びの循環です。

こうして、「ありがとう」が増えると、ありがたいことも増えていきます。家に入ってくるお金も増えていきます。「ありがとう」がお金を呼んできてくれるのかもしれません。

喜びが生まれる場所はお金にとっても居心地のいい場所です。そんな空間をつくってみませんか？

Point 49

自分の料理を食べてくれる人にも感謝する。

金脈の見つけ方――50

見送る際には席を立って深々とあいさつをする

来客時、お客様がお帰りになる際には、斜め45度くらいまで深く頭を下げてお辞儀をします。社員の人たちにも、お客様がいらっしゃるときとお帰りになるときには必ず、パソコンや別の作業をしていたとしても手を止めて、立ち上がってあいさつをするよう徹底しています。

借金時代からこの習慣は続けてきたのですが、ずいぶん時間が経ってから、「いつも気持ちよく迎えてもらって、とてもうれしかった」といわれることも多いです。意外と人は覚えているものなのですね。

よく「頭《こうべ》を垂れる」といいますが、丁寧にお辞儀をすることで、相手を敬う気持ちが生まれてきます。その気持ちがきちんと相手に伝わり、喜びの連鎖につながっていきます。

また、頭を下げるには自分の重心を中央に置く必要があります。その姿勢は自分自身の意識を「今」に戻す作用もあるように思います。

いずれにしても、心からのお辞儀をしたあとは清々しい気持ちになりますし、見送られたほうも気持ちよく過ごせるのはたしかです。

こうして**喜びが循環するところにお金はやってくるのです。**

Point 50

深々としたお辞儀で、相手も自分も喜ばせよう。

金脈の見つけ方――51

暦を活用して運気の流れを加速させる

家や車など大きなものを買ったり、契約など大きなお金が動いたりするときには、「暦」を見てみましょう。 暦は非常に細かいのでこだわりすぎる必要はありませんが、いいところだけでもちょっと意識して取り入れてみると、運気の流れはさらに好転するはずです。

たとえば、「寅年」は金運がアップするとされています。虎はお金と同じ黄金色であることから金運の象徴といわれています。また、虎は千里進んだら千里戻ることから、出したものが必ず返ってくるという意味を持っています。少し意識して貯金や投資を始めるなど、お金のことを意識するのに最適な年といえますね。

さらに、12日ごとに「寅の日」が訪れます。この日も金運が上がる幸運日とされています。寅年の寅の月（旧暦の1月）、寅の日には「お財布を買う」と最強だともいわれます。同じく「巳の日」も金運や財運アップの日です。

「天赦日《てんしゃび》」は「天がすべてのものを赦《ゆる》す日」という意味で、暦上もっとも運気のいい吉日といわれています。新しいことを始めるのにいい日です。

ほかには、「一粒万倍日《いちりゅうまんばいび》」があります。宝くじ売り場の前などで、「今日は一粒万倍日です！」と大きく書かれたポスターを見たことがあるかもしれません。二十四節気と干支の組み合わせで決められますが、大安と並んで運気がいい吉日といわれています。1粒の種もみから1本の稲が生まれ、やがて何万粒もの米が収穫できるという仏教の言葉から、この日に始めたことは大きく実を結ぶとされています。

宝くじを買うほか、お店のオープン、開業や結婚、勉強など、何か新しいことを発展・繁盛・繁栄させたいときに最適といわれる日です。新しいお財布を使い始めるのもいいといわれますね。

逆に、一粒万倍日はお金を借りる、借りをつくるなどは避けたほうがいい日です。ローンや融資などの契約は控えましょう。「始めたものが倍になる日」だからです。借金が倍になったらイヤですよね。私は一粒万倍日には銀行との打ち合わせを入れないようにしています。

この一粒万倍日に天赦日や寅の日、巳の日が重なると最強の開運日となります。

これらの**開運日を意識すると、自分自身の「金運を高めよう」という意識も高まるはずです。意識を変えると、見えてくるものや入ってくる情報が確実に変わってきますよ。**

Point 51

暦上の開運日を意識すると、金運の意識も高まる。

金脈の体幹トレーニング

第7章

こんなときどうする？
自分軸を太くする生き方

金脈の見つけ方——52

【ネガティブなことを考えたとき】

「無心でできること」をひたすらやってみる

人はついついネガティブなことを考えてしまいますよね。

何か悪いことが起こると、「どこが悪かったんだろう？」「何がいけなかったんだろう？」と過去の自分の行動から悪いところ、マイナス面ばかりを引っ張り出して、「ああ、そういえばあのときも悪かった」「こんなところがきっとダメなんだ」と反省し、落ち込みがちです。

すると、脳内検索エンジンで悪いことを検索するので、どんどん悪いことが身近にやってくることになります。

ネガティブなことを考えてしまうのは仕方ないことです。それは「思考のクセ」

だから考えないようにはできないし、消そうとしても消せません。だから、ネガティブなことを考えてしまう自分を責める必要はまったくないのです。

振り返ったり、反省したりすることは時には大事です。ただし、それは「答え」があることに関してのみです。

たとえば、料理で失敗してしまったとき、「あのとき、砂糖を入れすぎた」とか「火が強すぎた」といった原因がわかりやすいので、「今度は砂糖は控えめにしよう」と答えも出ますよね。

ですが、いくら考えても答えが見えない、調べてもわからないときにそれをやってしまうと、どんどん自分がダメな気がして気分が落ち込むばかりです。

ネガティブモード、反省モードになったときにはどうすればいいでしょう？

とりあえず考えるだけ考えてみて、答えが出ないなと思ったら、そこでいったんストップしましょう。そして、「わかった。じゃあ、どうしたらうまくいくかな？」と解決策を考えるモードに切り替えるのです。

とはいっても、すんなり切り替えられないときも多いかもしれません。そこで私がおすすめしたいのは**「何か別の行動を取ることで強制的に切り替える」**方法です。

私の場合は「掃除」です。無心になってトイレや水回りを磨いたり、床を拭いたりしているうちに、意識が掃除に向き、いつのまにかネガティブモードから抜け出して落ち着いていきます。「こうすればいいのか！」と、突然解決策がひらめくこともよくあります。

ネガティブモードに陥ったときには、自分が何か無心でできることをやってみましょう。ピアノやギターなどの楽器を弾く、ランニングをする、ヨガをやる、絵を描く、写真を撮る、映画を観る、歌を口ずさむ……など、何でもいいでしょう。

ただし、食べたり飲んだりするのはあまりおすすめしません。好きなものを食べる、お酒を飲むなどでも気持ちは切り替えられますが、体に影響が出てしまいます。実際に私もやったことがありますが、見事に太りました（笑）。その姿を見てまた自己嫌悪に陥る、という負のスパイラルに陥ってしまいがちです。体調を崩すこともあるのでよくないですね。

その点、**掃除はやればやるだけ部屋もキレイになるし、気持ちもスッキリするし、いいことばかりなのでおすすめです。**

Point 52

ネガティブモードに入りそうになったら、掃除をして強制切り替え。

金脈の見つけ方――53

【どうにも腹が立ったとき】

怒りを紙に書いて燃やしてしまう

生きていると、何かしら腹の立つことがありますよね。「まったく、うちの子は！」「パパは散らかしっぱなしで」「あの上司が……！」「取引先の人、イヤな感じ！」など、いろいろ不満はあると思います。

腹を立てることは別に悪いことではありません。**問題なのは、その感情をパートナーや子どもなど周囲の誰かにぶつけることです。**

私は腹が立ったら、その気持ちを紙に思いっきり書いて、燃やします。

言葉は「言霊」だから、口にしたことや書いたものが現実になる。だから紙に書くのはよくないのでは？　という考えもあるかもしれません。ですが、書くだけでなく火で燃やせば最後には消えてなくなります。書いたことも浄化されてなかったことになるので、いいのではないかなと私は考えます。

自分の思いの丈を心のままに紙に書きつづったら、台所のシンクなど火事にならない安全な場所で火をつけます。紙が燃える様子を眺めるうちに、不思議なほど気持ちがおさまっていきます。焚火《たきび》やキャンプファイアを見ていると気持ちが穏やかになるのと同じかもしれません。火には心を落ち着ける作用がありますよね。紙が燃えつきて灰になるころには、怒りの8割は消えてなくなります。

ほかには、空き缶を足で踏みつぶすのも、怒りを発散するのにいいですよ。地面に空き缶を置き、靴のかかとで思いっきりつぶしていくと、ものすごくスッキリします。やっているうちに腹を立てていたことも忘れて、「あれ？　私はなんで怒っていたんだっけ？」と思うことも多いです。

ネガティブな感情は心の中にためておくとどんどん大きくなって、やがて爆発したり、体や心に支障を来したりします。ほかの人にぶつけないように、積極的に消化していきましょう。

Point 53

怒りは紙に書いて燃やす。
ネガティブな感情は心にためずに浄化を！

金脈の見つけ方―― 54

【人に嫉妬したとき】自分に隠れた願望があると知り、そこに目を向けてみる

人と自分をくらべて、「あの人、いいなあ」「なんでこの人が？」とうらやましくなったり妬《ねた》ましい気持ちになるとき、ありますよね。時には、訳もなく腹が立つことも。

それはなぜかといえば、**「自分がそのようになりたいから」**です。**もう少しで手が届くからこそ、うらやましいと感じる**のです。何も興味がなかったら、うらやましいとすら思わないし、腹立たしくなることもありません。

たとえば、私はテレビなどで官僚を見ても、うらやましいとか妬ましいという気持ちは起きません。あまりにもかけ離れた存在だし、そもそも興味もないからです。

ですが、起業したばかりのとき、同じく起業している女性を見て、「いいな、あの人。なんで私とは違うんだろう？」となんともうらやましい気持ちに駆《か》られました。それは、「その人のようになりたい」と感じる部分が自分の中にあったからです。

うらやましいと感じたときには、「相手のどの部分にうらやましさを感じたのか？」を突き詰めましょう。その理由がはっきりすると、そこから自分の望みに一気に近づくことができます。

「バリバリと働いているところ」「お金を稼いでいるところ」「テレビや雑誌、講演会など、表舞台に立っているところ」など、うらやましいと感じるポイントは人によって異なると思います。

もし「テレビや雑誌、講演会など、表舞台に立っているところがうらやましい」と感じたなら、それは自分の中に「もっと表に立ちたい、目立ちたい」という思いがあるということです。「自分も表に立てる」ということを、その人を通じて教えてもらったともいえるでしょう。

そこで、あなたがやるべきことはひとつ。それは、「どうしたら表に立てるようになるか？」に意識を向けることです。

すると、あなたの脳がその意識を拾って、表舞台に立てるようお膳立てしてくれます。

「うらやましいな」と思ったら、そこで終わりにせず、「どこがうらやましいのか？」「何に対してそう感じるのか？」を考えてみましょう。

考え方を未来につなげていくことで、自分の思い通りの未来を進むことができます。

Point 54

うらやましいと思ったときがチャンス。
それが、あなたのなりたい姿。

金脈の見つけ方――55

【繰り返しトラブルが起こるとき】

他人の思考を借り、視点を変えてみる

何かトラブルが起こったとき、どうしますか？

「どうして、私ばかりトラブルに巻き込まれるのだろう」「私のどこがいけなかったのだろう」と疑問や反省の気持ちが生まれるかもしれません。

ですが、その思いはいったんストップ。「どうしたらいいかな」「何ができるかな」と解決策を考えてみましょう。

とはいっても、**解決策がわからないときにはどうすればいいでしょう？　私は**

「〇〇さんだったら、こんなとき、どうやって対処するかな？」と考えるようにしています。

人には考え方のクセがあって、いつも同じような解決策しか思いつきません。自分の思考だといつも同じ対処をするから、似たようなトラブルが何度も繰り返されるのです。

そこで、**「他人の思考」を借り、視点を変えて考えてみましょう。**他人の視点でものを考えることで、自分の思考のクセがなくなって、考え方の幅が広がります。結果として、対処法の選択肢が増えるのです。

もし「この人に意見を聞いてみたい」と思える人が身近にいたら、実際に聞いてみてもいいでしょう。私は税理士さんなどに、「もしこのようなことが起こった場合、どうしますか？」と聞いてみます。すると、「なるほど‼　そういう解決方法もあるんだ」と気づかせてもらえます。

自分の尊敬できる人、信頼できる人になったつもりで「あの人だったら、このようなトラブルが起きたとき、どのように考えるだろう?」と想像してみるのもいいですよ。普段なら思いつかないようなヒントを得ることもあります。

今、問題を抱えている場合には、ぜひ他人の思考を借りて考えてみましょう。

Point 55

トラブル解決に迷ったら、「あの人だったらどうする?」と他人の視点で考える。

金脈の見つけ方――56

【同じことに何度も遭遇したら】GOサインと受け止めて行動!!

間隔を置かずに2回以上誘われたり、見たり聞いたりしたことは、自分の気が乗る・乗らないに関係なく、とにかくやってみましょう。それは「やれ！」というサインだからです。

先日、福岡まで瞑想に行ったのですが、実はいろいろな方から合計4回も誘われた企画でした。正直乗り気ではなかったのですが、立て続けに4回誘われたときには「これはもう行かないとダメだな」と腹を決めました（笑）。結局、「行ってよかった！」と心から思いました。

何度も耳にしたり、目にしたりというときには、とにかくやってみることをおすすめします。理由がわからなくても、とにかく一歩踏み出してみると、それがあなたにとっていい結果をもたらすことが多いものです。

たとえば、子どもの通う学校で複数の人から「役員やったら?」とお願いされたとします。気乗りしないかもしれませんが、何度も依頼されたのは、必ずあなたの成長にプラスになる結果が待っているということです。思いきって引き受けてみましょう。

先にもお話ししましたが、私がトイレ掃除を始めたのも、一日に2回も立て続けに「トイレ掃除がいい」という情報を受け取ったからです。その結果、お金の流れが変わって、借金も返せて、今、楽しく暮らせています。あのとき、覚悟を決めてトイレ掃除を始めてよかった！　と私は思っています。

何度も耳にしたり、目にしたりする情報はあなたにとっての「GO！」サイン。
ためらわずに進んでみてください。

Point 56

繰り返し同じ情報を受け取ったときが、GOサイン。

金脈の見つけ方――57

とにかく、なりたい自分をイメージし続けることが大切！

たとえば、ステキな家を見て、「こんな家に住みたいな。でも、うちのお給料ではとても無理だわ」などと、最初からあきらめていることはありませんか？

あきらめるのはまだ早いです！

なりたい未来をイメージし続けると、おもしろいことに、その未来に向かって次第に環境が整ってきます。つまり、今すぐは無理ですが、時間をかけてじわじわとなりたい未来がかなっていくのです。

我が家が世帯年収３００万円、しかも借金を背負っているときに、まだ小さかった子どもがテレビを見ながら、「東京の大学に行きたいな」とつぶやいたことがありました。
入学金、学費、引っ越し代に東京での家賃、仕送り……。現実的に考えたら無理です。ですが、そのとき、「うちにはお金がないから、地元の国立大学じゃないと無理」と全否定することはしませんでした。子どもには「へぇ～、そうなんだね」と返事し、それからは時間があると、子どもが東京の大学で楽しく過ごしている姿を鮮明に思い描き続けることにしました。

すると、そこから現実は緩やかに変わり、十数年後、子どもが大学受験する頃には東京の大学に行けるだけのお金を払える自分に変わっていたのです。実際、子どもは東京の大学に通うことができました。

あのときには絶対に考えられない現実でしたが、ずっとイメージし続けたら、じわじわと環境が整ってきたのです。

今、現実的に難しいと思えるようなことでも、どうかあきらめないでください。なりたい未来を、五感を使って、それがまるで現実であるかのように頭の中で思い描き、その様子を心から楽しんでください。

先の例でいえば、子どもが大学のキャンパスで友達と歩きながら笑っている様子や、東京の街並みを楽しそうに歩いている姿を思い描きながら、「よかったね」「がんばったね」と喜んでいる自分をしっかり脳内再生するのです。

それは未来につながって、環境が勝手に整って、やがて現実に近づいていきます。

心から望んだことは必ず実現します。ぜひ、やってみてください。

Point 57

五感を使ってなりたい未来をイメージ。じわじわと現実化が始まる。

金脈の体幹トレーニング
こんなときどうする？　自分軸を太くする生き方

エピローグ

ほんの少しの気づきで、世界は変えられる

この世界はやわらかい。

なぜならば、「ある」ということに気づくだけで、既に豊かである世界が繰り広げられ、現実がどんどん好転してくるから。

ほんの少しの気づきで見ている世界が、ふわっと、ふわ～んと変わるから。

そう、世界は自分で変えられる。

「私にはムリ」「私だけはできない」

と思っていることが、かなうことを知ってほしい。

かなわないのは、

「○○だったらできるのに」

「○○があればかなうのに」

「○○まで達していないので手にしちゃダメ」

というように、勝手に自分を縛りつけ、かなうための条件づけをしているだけだから。


「この本に書かれていることをやってみたら、どうなるんだろう？」

やる前から、頭でごちゃごちゃ考え、正解を求めるより、まず自分に体験させてあげてほしい。

しかも、思いっきり楽しみながら。


やってみて、「合わないな」「失敗したかも？」そう感じても大丈夫。

受け取ったこと、感じたことが、次につながるステップと宝になるから。

フランスの哲学者・ルソーの名言にこんな言葉があります。

「生きるとは呼吸することではない。行動することだ」

ぜひ、楽しく試してみて。

自分に許可をする、自分にＯＫを出してあげることで、あなたの金脈を見つけるきっかけとなることを願っています。

菅 美和

２０２３年１月

エピローグ　ほんの少しの気づきで、世界は変えられる

⑰ 「値切る」「自分を安売りする」態度は、お金を遠ざける。

⑱ 「借金＝悪」ではない！　お金を悪者にしないと、お金とのつき合い方が変わる。

⑲ 「お金」は通過点。それがわかると、お金に支配されない。

⑳ お金が心地よく住めるようにお財布の中を整える。お金が長居し、仲間も呼んでくる。

㉑ お財布は、持ったときの顔映りのよさで選ぶ。

㉒ マイナスのよどんだ気を避けるために、人の多い場所でお財布を開かない！

㉓ 大金を堂々と持ち歩くと、お金とのつき合い方が変わり、収入もアップ。

㉔ 就寝時はお財布をきちんと休ませて、お金にもパワー充電を。

㉕ パートナーのお財布に「ありがとう」と唱えると、経済状況もふたりの仲もよくなる。

㉖ 朝一番、地球からエネルギーをもらおう。頭はスッキリ、仕事もはかどる。

㉗ 太陽のエネルギーを取り込もう。元気が出て、疲れも吹き飛ぶ。

㉘ 朝、窓を全開に！　滞った空気が入れ替わり、気持ちも整う。

㉙ 起きたら、今日のゴールを具体的に頭の中に思い描く。願望実現の第一歩。

㉚ 今日の汚れは今日じゅうに落とす。目指せ！　「よどみのない生活」。

㉛ 寝る前に「よかったこと」探しをするだけで、人生が好転する。

㉜ モヤモヤは満月に吐き出す。ネガティブな感情は自然の力を借りて手放そう。

㉝ 物事が滞ったら、即掃除。キレイになる頃には物事が動き出す。

㉞ 毎月１日は、神社で感謝、報告、宣言を。

㉟ 会社・学校近くの神様にも、こまめにお礼を伝える。

㊱ 普段より高い金額をお賽銭箱に入れる。意識が変わり、人生が変わり始める。

P222 に続く→

金脈引き寄せのPOINT 57

❶ 「ある」に感謝すると、「ある」が次々と増える。

❷ 他人からの目線を手放し、本心に耳を傾けると金脈が近づいてくる。

❸ あなたはあたりまえにできるが、ほかの人には難しいこと。それが「金脈」。

❹ 過去に得意だったことを使って、今の自分には何ができるかを探ってみる。

❺ 望む未来を脳内にインプット！　うれしい気持ちで妄想を爆発させると現実化する。

❻ 「お金を得ること」ではなく「お金で手に入れたいもの」をゴールにする。

❼ 「心の着ぶくれ」を脱いだ「素の自分」が、チャンスをモノにする。

❽ 目に見えるほど具体的にイメージできると、現実が引き寄せられる。

❾ お金を大切な恋人のように扱おう。応援してくれ、味方になってくれる。

❿ 入金後は通帳を眺めてニタニタ。「お金がある」意識が「お金がある」状態を引き寄せる。

⓫ お札に名前をつけて応援の気持ちで送り出そう。お金の循環がよくなる！

⓬ 実際にお札をハグして、お金のプラスの波動を感じよう。

⓭ 支払いはとっとと済ませる！　相手も喜び、金脈にも気づきやすくなる。

⓮ いただきものをお金に換算すると、お金が入ってくる自分になれる。

⓯ 支払ったことに対して悪口はNG。「このお金のおかげです。ありがとう」と伝える。

⓰ 小銭のおつりは募金に回す。喜びの循環が、お金の循環をよくする。

㊲ お賽銭を入れるときは感謝を伝えて、そうっと丁寧に。

㊳ 神社の木は人生のアドバイザー。悩みを打ち明けるとメッセージをいただける。

㊴ 迷ったときは、神社に聞こう。神社の空間全体が答えを示してくれる。

㊵ 神社が建てられた時代に思いを馳せると、雑念が払われ、思考がクリアになる。

㊶ 体のセンサーを働かせると、あなたに合ったパワースポットが見つかる。

㊷ よいスタートを切るために、毎月1日、毎週月曜日はケンカをしない。

㊸ 毎月1日と15日は、玄関を塩拭きして清める。

㊹ トイレ掃除は素手で行なう。これぞ、金脈を見つける原点！

㊺ 家の西側を徹底的に片づける。金運アップの効果絶大！

㊻ 憧れの人になりきって日常を過ごすと、やがて自分が憧れの人になる。

㊼ 買い物のとき「どれがいい？」と制限のない自分に聞いて、相性のいいものを選ぶ。

㊽ 部屋の模様替えと大掃除は、頭の整理とリンクする。

㊾ 自分の料理を食べてくれる人にも感謝する。

㊿ 深々としたお辞儀で、相手も自分も喜ばせよう。

51 暦上の開運日を意識すると、金運の意識も高まる。

52 ネガティブモードに入りそうになったら、掃除をして強制切り替え。

53 怒りは紙に書いて燃やす。ネガティブな感情は心にためずに浄化を！

54 うらやましいと思ったときがチャンス。それが、あなたのなりたい姿。

55 トラブル解決に迷ったら、「あの人だったらどうする？」と他人の視点で考える。

56 繰り返し同じ情報を受け取ったときが、GOサイン。

57 五感を使ってなりたい未来をイメージ。じわじわと現実化が始まる。

著者プロフィール
菅 美和（かん・みわ）

金脈の母
起業コンサルタント
エルドラド（株)、エルドラドワールド (株) 代表

短大を卒業後、金融機関に入行し、融資部、窓口業務で 5 年間勤務。結婚を機に専業主婦となる。結婚 3 年目に義父の事業の借金 1 億円超を、夫婦で背負う。
10 年間、「どうしたらお金が入るか？」を考えて寸暇を惜しんで働く中、素手でトイレ掃除を始めたことにより、お金に対する思い込みが外れる。
自分の意識が変わることで、行動が変わり、事業への関わり方が変わり、さらに家族、取引先、お客様まで変わるなど、お金が回る連鎖が始まった。その後、5 年で借金を完済。お金の取り扱いには法則があることと、自分の金脈に気づく。

2013 年、「お金の取り扱いの 7 つの法則」を伝えるべく起業。「お金の講演会」「お金の悩みご相談」で全国各地を回り、延べ 8,000 人以上の方のお金の相談事に関わる。
相談者の金脈を視て、やるとよいことを伝える「金脈鑑定」を開始。
以来、「金脈の母」と呼ばれる。「年商 3 千万円を 1 億 8 千万円に」「月収 20 万円から億万長者へ」「主婦が 700 万円もらう」などの実績を出す。

自らもダイアモンド事業を 1 年で売上 1 億円に成長させる。多くの人にお金から見える世界を楽しんでもらいたいという思いから、人生のステージごとにあるお金の悩みを解消し、人生を豊かで幸せに満ちたものへと導く後押しをしている。

ホームページ
https://kanmiwa.com/

出版サポート／根本佳代子

装　幀／齋藤稔（ジーラム）
本文デザイン・組版／白石知美、安田浩也（システムタンク）
本文イラスト／小瀧桂加
編集協力／柴田恵理、小関珠緒
校正協力／永森加寿子
編集／田谷裕章

お賽銭には1万円を用意しなさい!

初版１刷発行 ● 2023年1月20日
　　２刷発行 ● 2023年4月3日

著者

菅《かん》 美《み》和《わ》

発行者

小田 実紀

発行所

株式会社Clover出版
〒101-0051 東京都千代田区神田神保町3丁目27番地8 三輪ビル5階
Tel.03(6910)0605　Fax.03(6910)0606　https://cloverpub.jp

印刷所

日経印刷株式会社

ISBN978-4-86734-120-9　C0033

本書の内容に関するお問い合わせは、info@cloverpub.jp宛にメールでお願い申し上げます